만화로
뚝딱

일단
**1400** 단어
기초 일본어

Mr. Sun 어학연구소    OLD STAIRS

"물고기들이 미끼만 쏙 빼먹고 도망갔네!"

어릴 적, 물가에 놀러 간 저는 아빠와 삼촌의 대화를 엿듣고 있었습니다. 그 당시 저는 아직 '미끼'라는 말이 무슨 뜻인지 몰랐죠. 하지만 '물고기'라는 말은 알았습니다. 그 덕분에 '미끼'라는 단어를 힘들이지 않고 순식간에 습득할 수 있었죠. 중요한 것은, 이 일화 속에 우리가 단어를 배우는 메커니즘이 담겨 있다는 사실입니다.

"가방이 おもい해! 뭐가 이렇게 많이 들어있어?"

이 책의 암기 방식이 가진 유사한 메커니즘이 보이시나요? 책 속의 대사는 일부 단어들이 일본어로 바뀌어 있습니다. 그래서 우리는 먼저 잘 아는 한국어로 문맥을 파악한 뒤, 몰랐던 단어의 뜻을 자연스럽게 유추하고, 마지막으로 내가 유추한 뜻이 맞는지 확인하는 세 단계를 거치게 됩니다. 단어를 하나씩 떼어놓고 달달 외우는 것과는 근본부터 다른 방식입니다.

이런 방식이 정말 효과적이냐고요? 그렇다면 실제 일본인들이 단어를 어떻게 외웠을지 한번 상상해보세요. 사실 그들도 우리와 똑같다는 사실을 깨닫게 될 겁니다. 우리가 어디 한국어 단어를 하나부터 열까지 달달 외웠던가요? 우리 역시 주어진 상황 속에 새로운 단어를 배치해 가면서, 어려운 단어까지 자연스럽게 흡수해왔던 것입니다. 저희가 '퀴즈 암기법'이라 부르는 이 방식은 일어가 모어(母語)가 아니더라도 따라 할 수 있는 최적의 학습법입니다.

또한, 만화 속에 주어진 상황에 자신을 이입하면서 일본어 단어들을 머릿속에 있는 경험의 영역으로 보내게 됩니다. 이러한 과정을 통해 단어의 의미와 용법을 한 번에 파악하게 되면 적은 노력으로도 오랫동안 기억할 수 있습니다. 이제 부담 없이 책을 펼쳐보세요. 어느새 1,400개의 단어를 자신의 것으로 만들게 될 테니까요.

# 이 책을 보는 법

**1** 문장 속 단어를 보고
뜻을 유추하고...!

으악, 왜 이렇게 <sub>たいき</sub>待機 줄이 길어!
이러다가 <sub>ひこうき</sub>飛行機 에 못 타는 거 아냐?

**2** 답을 확인하면
머릿속에 쏙쏙!!

待機 たいき : 대기   飛行機 ひこうき : 비행기

ハンドバッグ : 손가방   家 いえ : 집(물리적)

자, 그럼 떠나볼까?

# 차례

## 5

지리를 모를 땐
옆 사람에게
묻어가는 게 최선!

**198** 단어를 만화로 뚝딱!

## 6

요리 못해도
먹고 살 수 있잖아?

**138** 단어를 만화로 뚝딱!

## ㄱ

열차는
사랑을 싣고

**46** 단어를 만화로 뚝딱!

## ㄱㄴㄷ

가나다
사전

# 50음도

그림으로 외우는
## 히라가나

| | | | | |
|---|---|---|---|---|
| **あ** 아 아하~! | **い** 이 이빨 | **う** 우 우산 | **え** 에 에어로빅 | **お** 오 오리 |
| **か** 카 카메라 | **き** 키 키 | **く** 쿠 쿠크다스 | **け** 케 케이크 | **こ** 코 코브라 |
| **さ** 사 사케 | **し** 시 시계 | **す** 스 스프링 | **せ** 세 세계 | **そ** 소 소바 |
| **た** 타 타 | **ち** 치 치어리더 | **つ** 츠 부츠 | **て** 테 테이블 | **と** 토 토끼 |
| **な** 나 나무 | **に** 니 주머니 | **ぬ** 누 누들 | **ね** 네 네꼬 | **の** 노 노! |

| は 하 | ひ 히 | ふ 후 | へ 헤 | ほ 호 |
|---|---|---|---|---|
| 하품 | 히히 | 후~ | 헤헤 | 호랑이 |

| ま 마 | み 미 | む 무 | め 메 | も 모 |
|---|---|---|---|---|
| 마라톤 | 미끼 | 무술 | 음메~ | 모발 |

| ら 라 | リ 리 | る 루 | れ 레 | ろ 로 |
|---|---|---|---|---|
| 라마 | 리본 | 루비 | 레코드 | 로스트 |

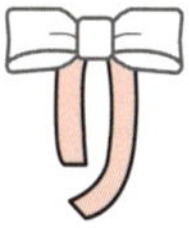

| や 야 | ゆ 유 | よ 요 |
|---|---|---|
| 야구 | 유도 | 요가 |

| わ 와 | を 오 | ん 응 |
|---|---|---|
| 와악 | 오르막 | 응가 |

# 50음도

## 가타가나

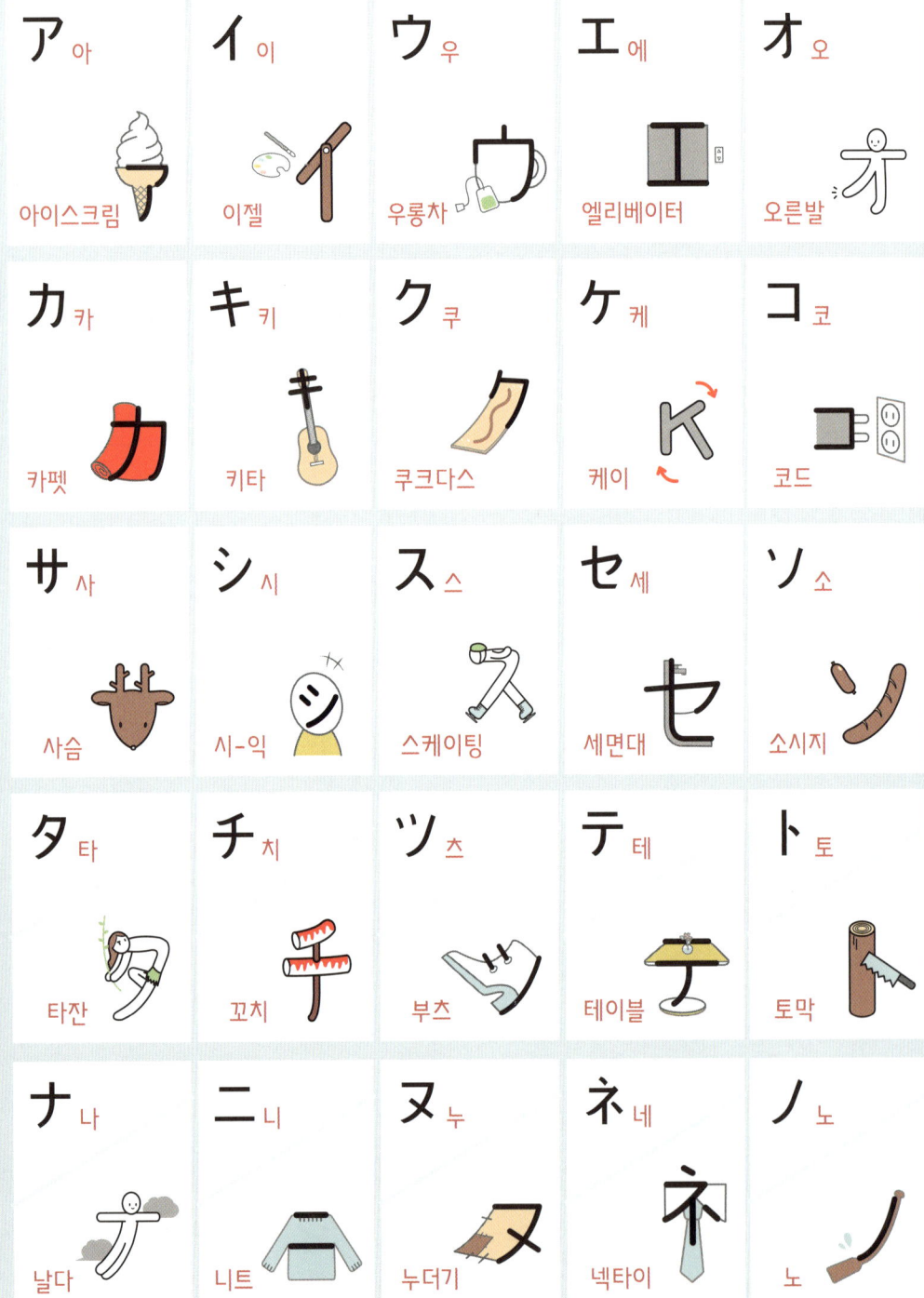

| ア 아 | イ 이 | ウ 우 | エ 에 | オ 오 |
|---|---|---|---|---|
| 아이스크림 | 이젤 | 우롱차 | 엘리베이터 | 오른발 |
| カ 카 | キ 키 | ク 쿠 | ケ 케 | コ 코 |
| 카펫 | 키타 | 쿠크다스 | 케이 | 코드 |
| サ 사 | シ 시 | ス 스 | セ 세 | ソ 소 |
| 사슴 | 시-익 | 스케이팅 | 세면대 | 소시지 |
| タ 타 | チ 치 | ツ 츠 | テ 테 | ト 토 |
| 타잔 | 꼬치 | 부츠 | 테이블 | 토막 |
| ナ 나 | ニ 니 | ヌ 누 | ネ 네 | ノ 노 |
| 날다 | 니트 | 누더기 | 넥타이 | 노 |

| ハ 하 | ヒ 히 | フ 후 | ヘ 헤 | ホ 호 |
|---|---|---|---|---|
| 하이파이브! | 히터 | 후드 | 헤헤 | 호박 |

| マ 마 | ミ 미 | ム 무 | メ 메 | モ 모 |
|---|---|---|---|---|
| 마커 | 말미잘 | 무리수 | 메리 크리스마스 | 모발 |

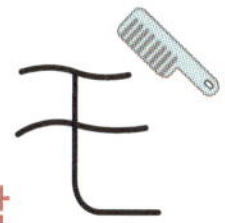

| ラ 라 | リ 리 | ル 루 | レ 레 | ロ 로 |
|---|---|---|---|---|
| 라이터 | 리본 | 캥거루 | 레몬 | 로봇 |

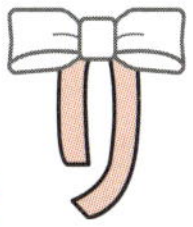

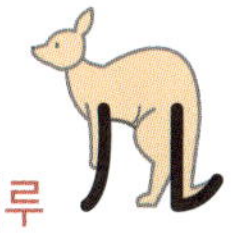

| ヤ 야 | ユ 유 | ヨ 요 |
|---|---|---|
| 야쿠르트 | 유리 | 요정 |

| ワ 와 | ヲ 오 | ン 응 |
|---|---|---|
| 와인 | 오리 | 응~ |

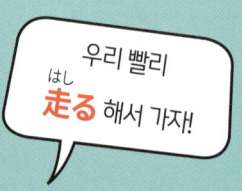

# 1장

설레기 마련
출발은 언제나

---

一緒にいっしょに：함께　　待機たいき：대기　　飛行機ひこうき：비행기　　パスポート：여권

バックパック：배낭　　ハンドバッグ：손가방　　家いえ：집(물리적)

見つける みつける : 찾다    失う うしなう : 잃다    貴方 あなた : 너    キャリーバッグ : 캐리어 가방

表示 ひょうじ : 표시    私 わたし : 나    ハンカチ : 손수건

오? 뭐야? 네가 해주려고?

그나저나, 생각보다 줄이 빨리 줄어들어서 다행이다. 이 정도면 시간 안에 맞춰서 탈 수 있겠어.

후훗, 귀여워라.

헤헷, 이런 손쉬운 건 <ruby>俺<rt>おれ</rt></ruby>한테 맡기라고!

낑낑.

다음 고객님~

오, 벌써 <ruby>私たち<rt>わたし</rt></ruby> 차례야. 가자.

어서 오십시오~

おはようございます~

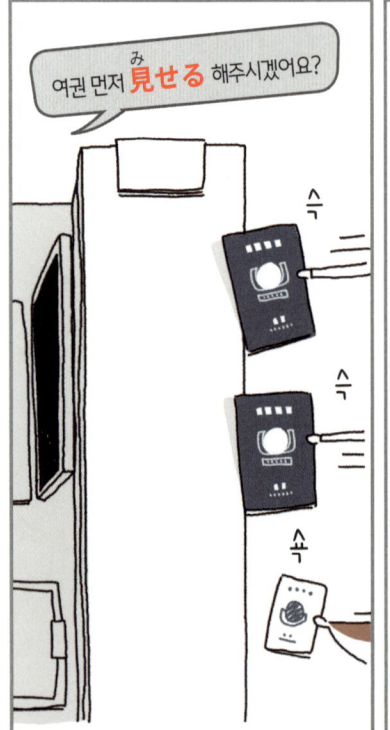

여권 먼저 <ruby>見せる<rt>み</rt></ruby> 해주시겠어요?

슥

슥

쓱

여기 위로 <ruby>荷物<rt>に もつ</rt></ruby> 올려 주시고요.

척

척

톡

기내 반입 금지 물품 넣은 거 없으시죠~

아얏!!

이, 이리 줘~

잠시만 <ruby>待つ<rt>ま</rt></ruby> 해주세요.

너 계속 장난칠 거면 두고 간다?

---

俺 おれ : 나   私たち わたしたち : 우리   おはようございます。: 안녕하세요 오전.

見せる みせる : 보여주다   荷物 にもつ : 수하물, 짐   待つ まつ : 기다리다

---

**ゲート** : 문, 게이트　　**飛行** ひこう : 비행　　**さようなら。** : 안녕히 계세요.　　**入り口** いりぐち : 입구

**出口** でぐち : 출구　　**通過する** つうかする : 통과하다

---

**持っている** もっている : 가지고 있다　　**冗談** じょうだん : 농담　　**僕** ぼく : 나　　**薬** くすり : 약

**塩** しお : 소금　　**入る** はいる : 들어가다

DUTY FREE SHOP

아아, 그나저나 계속 줄만 서 있느라 진이 다 빠져버렸네.
우리 기분전환으로 저기 免税店(めんぜいてん)에서 쇼핑 좀 하고 들어갈까?

응, 나 옷 사줘. 옷!

나도 그러고 싶긴 한데 時間(じかん)이 애매하게 남아서 안 돼.

그럼 약간 출출한데 おやつ라도 사서 잽싸게 먹을까?

응, 나 주스 먹고 싶어. 주스!

어차피 비행기 안에서 機内食(きないしょく) 나오는데 먹긴 뭘 먹어.
쓸데없는 곳에서 힘 빼지 말고 어서 가자. 이러다 늦겠어.

쳇, 모처럼 空港(くうこう)에 왔건만 아무것도 못 하게 하다니…

옳소, 옳소! 이 마귀할멈!

이것들이 정말!!!!!

너희가 遅く(おそ) 하게 일어나는 바람에 이렇게 된 거잖아!
나도 오랜만에 공항에 来る(く) 한 거라서 여기저기 둘러보고 싶었다고!

워워, 진정해 俺達(おれたち)가 그러고 싶어서 그랬겠냐?
처음으로 가는 해외여행이니까 들떠서 그랬지.

그치~

고렴, 고렴!!

---

**免税店** めんぜいてん : 면세점  **時間** じかん : 시간  **おやつ** : 간식  **機内食** きないしょく : 기내식

**空港** くうこう : 공항  **遅く** おそく : 늦게  **来る** くる : 오다  **俺達** おれたち : 우리

그보다, 미안한데 나 잠깐 **トイレ** 에 좀 갔다 와도 되지? 아까부터 계속 참고 있었거든.

어휴, 이 짐 덩어리. 알았으니까 빨리 갔다 와.

넌 **ここ** 에서 얘랑 기다리고 있어.

라져 댓!

후다닥

……맛있니?

맛있지, 그럼!

우거 우거

**君** 는 아무 생각 없이 살아서 좋겠다.

きみ

너보단 많을걸?

그런데 네 형님은 왜 이렇게 안 나오니?

원래 오래 걸려! 쟤 과민성이라서 하루에도 수십 번…

쉿! 잠깐… 이 안내 방송…

…편으로 탑승하는 **乗客** 여러분께서는 서둘러 9번 게이트로…

じょうきゃく

이런, 역시! 야, 지금 방송 **聞く** 했어? 빨리 끊고 나와!

き

…안 들리나? 네가 들어가서 말해봐, 빨리!

내가 왜 **お前** 의 말을 들어야 해?

まえ

이 녀석… 이제 보니 귀엽지 않아.

---

**トイレ** : 화장실  **ここ** : 여기  **君** きみ : 너  **乗客** じょうきゃく : 승객

**聞く** きく : 듣다  **お前** おまえ : 너

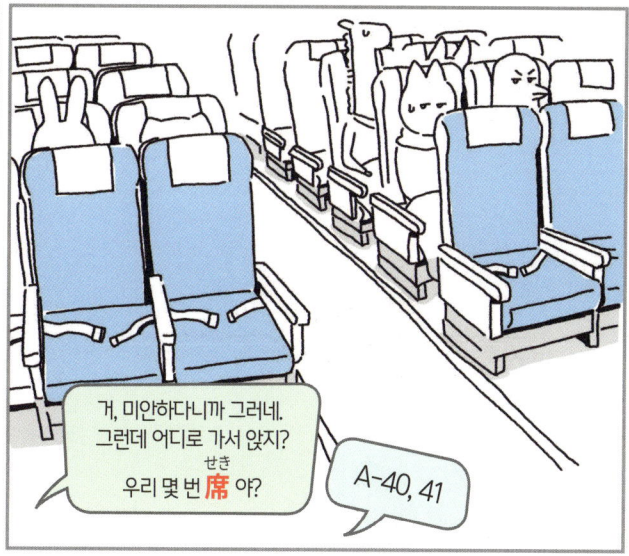

何番 なんばん : 몇 번　　　　走る はしる : 달리다　　　　朝 あさ : 아침　　　　席 せき : 좌석

---

| | | |
|---|---|---|
| **窓側の席** まどがわのせき : 창가 석 | **見る** みる : 보다 | **貴方達** あなたたち : 너희 |
| **通路側の席** つうろがわのせき : 복도 석 | **なぜなら** : 왜냐하면 | **座る** すわる : 앉다 |

키유우우웅

---

出発 しゅっぱつ : 출발     飛ぶ とぶ : 날다     君達 きみたち : 너희     静かに しずかに : 조용히

御免なさい。ごめんなさい。: 죄송합니다.     騒がしく さわがしく : 소란스럽게

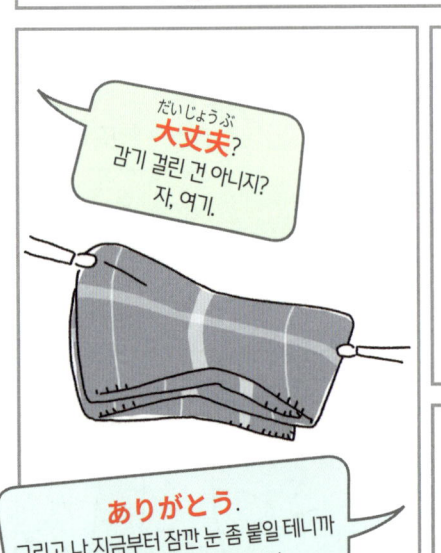

에이, 몰라. 나도 그냥 자야겠다. 혼자 깨어 있어봤자 뭐 하겠어.

잘 생각했어. 먹고 자고 싸다 보면 어느새 **到着**<sup>とうちゃく</sup> 해 있을 거야. 좀만 참아.

아아, **起きる**<sup>お</sup> 했을 때 이미 도착해있으면 참 좋을 텐데.

나 참… 그럴 리가 없잖아. 시답잖은 소리 하긴.

아, 그런데 원래 해외 나갈 때 **ビザ** 발급받아야 하는 거 아냐?

그러고 보니 나 그거 신청 안 했는데, 괜찮은 건가? 그보다… 비자가 뭐야?

비자카드? 라는 것도 있고.

… 비자는 **簡単に**<sup>かんたん</sup> 말해서 가고자 하는 나라에 대한 입국허가서 같은 거야.

그래서 보통은 해당 국가의 정부로부터 비자를 발급받아야 하는데

이름은 같지만, 비자카드는 그냥 국제적인 신용카드야.

지금 우리가 가고 있는 나라에선 우리가 소지한 여권으로 비자를 대신 할 수 있기 때문에 굳이 발급을 안 받아도 **訪問する**<sup>ほうもん</sup> 할 수가 있는 거야.

비자가 없다고? 여권만 있어도 돼~

우리나라 여권은 파워가 좀 센 편이야.

**もちろん**, 이에 해당하지 않는 나라에 방문하려면 비자 발급이 필수지만.

우리는 여권 취급 안 해!

---

| | | | |
|---|---|---|---|
| **到着** とうちゃく : 도착 | **起きる** おきる : 일어나다 | **ビザ** : 비자, 사증 | **簡単に** かんたんに : 간단히 |
| **訪問する** ほうもんする : 방문하다 | **もちろん** : 물론 | | |

아~ 그렇구나.
덕분에 궁금증이 해결됐네. 쌩유!

됐지? 이제 얘기는 그만하고
어서 자기나 하자. 피곤해.

아, 미안.
내가 눈치가 없었네.
어서 자, 굿나잇하고!

으응, 아냐.
너도 御休み~

커어..쿵!!

… 후, 정말 끝까지
うるさい한 녀석들이었어.

이제야 좀 작업에
集中する 할 수 있겠군.

어디 보자~
어디까지 썼더라?

그래, 남자주인공이
악덕 공장장한테서 여자주인공을
구해주는 장면이었지. 좋아.

… 그녀가 이 工場 에서 십 년이 넘도록
착취당하고 있다는 사실을 전해 듣고
그의 가슴 속에선 뭐라 형용할 수 없는 분노가 끓어 올랐다.

도저히 참을 수 없었던 彼 는 자리에서
벌떡 일어나 2번 레일을 향해 달려갔다.

감히
그녀에게!

---

御休み。おやすみ。: 잘 자.    うるさい : 시끄러운    集中する しゅうちゅうする : 집중하다    工場 こうじょう : 공장

彼 かれ : 그

아니나 다를까, 술에 만취해 그녀의 가녀린 어깨를
**触る**(さわ) 하며 께름칙한 미소를 짓고 있는 공장장!

나는 지성인이다···
한 번만 참자, 참아···

그 모습에 눈이 뒤집힌 그는 공장에서 **生産する**(せいさん) 하고 있던
골프채를 들고 단숨에 달려가 공장장을 한 방에 때려눕히고 말았다.

?!?

그리고 그는 가쁜 숨을 천천히 몰아 내쉬면서

놀란 표정으로 자신을 바라보고 있는 **彼女**(かのじょ) 에게 말했다.

**私**(わたくし) 와 함께 도망쳐요!
이 지옥 같은 곳에서
벗어나 함께 살아요!

그의 눈은 또렷했다.

그녀와 함께라면
어떠한 고난도 넘길 수 있으리라.

하지만 되돌아온 그녀의 **答え**(こた) 는
그의 심장을 무너져 내리게 했다.

저기···
누구신지는 모르겠지만,
신고할게요.

어···?

십 년의 사랑은 흩어지고 **彼ら**(かれ) 사이에선
한동안 적막만이 맴돌았다···

파스스

크으ー
기가 막히는구먼!

이 **小説**(しょうせつ),
내가 쓰고 있긴 하지만
느낌이 왔어.

무조건
팔릴 거야!
후훗.

---

**触る** さわる : 만지다　　**生産する** せいさんする : 생산하다　　**彼女** かのじょ : 그녀　　**私** わたくし : 나

**答え** こたえ : 대답　　**彼ら** かれら : 그들　　**小説** しょうせつ : 소설

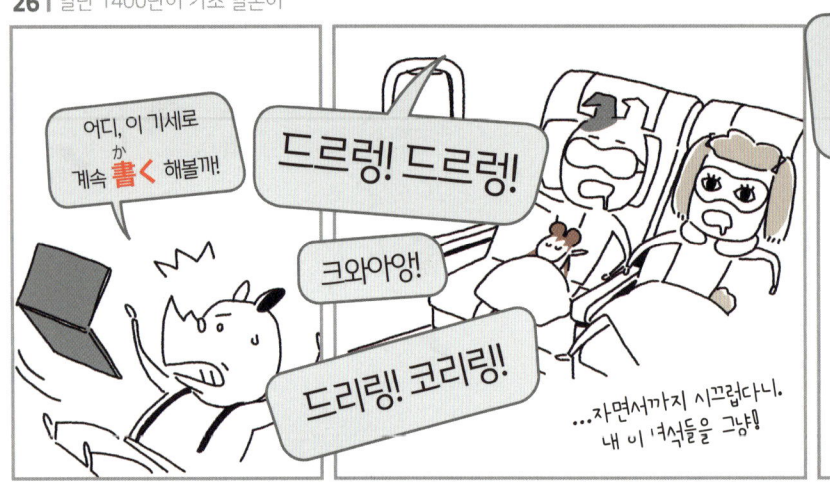

어디, 이 기세로 계속 書く 해볼까!

드르렁! 드르렁!

크와아앵!

드리링! 코리링!

...자면서까지 시끄럽다니. 내 이 녀석들을 그냥!

후우우... 아니다 이런 어린 子供 들한테 화내서 뭘 하겠어. 大人 인 내가 참아야지.

그보다 마감이 얼마 안 남았어, 집중! 어서 働く 하자!

자, 적막이 흐른 뒤에 그녀는 電話 를 들어 112에 신고를 하는데!

타다다다다딱!!!

크후우으으, 크헉!? 그거 내 거야!

퍽!

아야!

음... 내놔아...

...흣.

누가 나랑 자리 좀 変える 해 줘! 제발!

깜짝이야! 아저씨, 시끄러워요!

---

書く かく : 쓰다(write)   子供 こども : 아이   大人 おとな : 어른   働く はたらく : 일하다

電話 でんわ : 전화   変える かえる : 바꾸다

# 청음, 반탁음, 탁음

## 청음 보통의 글자

먼저, 청음을 보겠습니다.
히라가나 50음도에 있는 글자네요.
이렇게 50음도에 있는 보통의 글자를 청음이라고 합니다.

## 반탁음 청음과 탁음 사이

두 번째로 반탁음을 보겠습니다. 글자 오른쪽 위에 동그라미가 덧붙여져 있습니다.
이 동그라미를 반탁점 혹은 **丸**마루 라고 합니다. 丸마루는 동그라미라는 뜻입니다.

청음에 반탁점을 붙이면 반탁음이 됩니다.
반탁음은 청음과 탁음의 중간에 있는 음으로, 반만 탁한 소리라는 뜻입니다.
오직 は하행만 반탁음으로 만들 수 있습니다. 반탁점이 붙으면 は하는 ぱ파가 되죠.

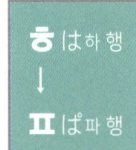
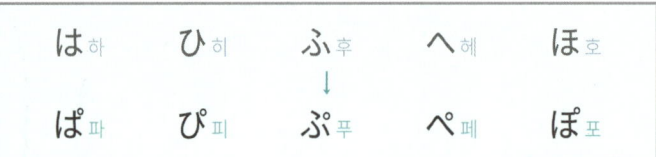

| ㅎ は하 행 | は하 | ひ히 | ふ후 | へ헤 | ほ호 |
| --- | --- | --- | --- | --- | --- |
| ↓ | | | ↓ | | |
| ㅍ ぱ파 행 | ぱ파 | ぴ피 | ぷ푸 | ぺ페 | ぽ포 |

## 탁음 탁한 소리

마지막으로 탁음을 보겠습니다. 자세히 보니 ひ히 오른쪽 위에 점 2개가 붙어 있네요.
저 점은 탁점 혹은 **点点**텐텐이라고 부릅니다. 텐은 '점'이라는 뜻이죠.
이렇게 탁점이 찍힌 음을 '탁음'이라고 부릅니다. 탁음은 '탁한 소리'로,
실제로 탁하다기보다 청음에 비해 성대를 더 많이 사용한다는 뜻입니다.

중요한 것은, 음절의 첫소리가 아래 4개의 행에 해당하는 청음만
탁음으로 만들 수 있다는 것입니다.

| **ㅋ** | **ㅅ** | **ㅌ** | **ㅎ** |
|---|---|---|---|
| か 행 | さ 행 | た 행 | は 행 |

이제 청음이 탁음으로 변화하는 모습을 살펴보겠습니다.

이때, 주의할 점은 だ다 행의 발음입니다.
た타 행의 글자 중 'ㅌ' 소리가 나지 않는 ち치와 つ츠는
탁음으로 변화할 때도 'ㄷ'이 아닌 'ㅈ'으로 변합니다.
따라서 だ다 행의 ぢ지와 づ즈는 ざ자 행의 じ지와 ず즈와 같은 발음이 되어버립니다.

이 중에서 주로 쓰는 것은 ざ자 행의 じ지와 ず즈입니다.
だ다 행의 ぢ지와 づ즈는 몇몇 경우를 제외하곤 잘 사용하지 않는 글자입니다.

# 02 요음, 촉음, 발음

## 청음 옆에 붙는 **요음**

여기에서 ひ<sub>히</sub> 옆에 작게 붙은 것은 50음도의 や<sub>야</sub>입니다.
두 글자처럼 보이지만 하나의 글자로 취급합니다.
や<sub>야</sub>를 청음의 절반 정도의 크기로 작게 만든 다음,
마치 탁점처럼 청음 옆에 붙인 것입니다.
や<sub>야</sub> 뿐만 아니라 ゆ<sub>유</sub>, よ<sub>요</sub> 역시도 이런 방식으로 줄여서 사용할 수 있습니다.
이렇게 만들어진 글자를 요음이라고 부릅니다.

요음은 굽은 소리라는 뜻입니다.
굽은 소리가 어떤 의미인지 알아보기 위해 다음을 비교해 보겠습니다.

| | | | |
|---|---|---|---|
| 시약 | 시 야 쿠<br>しやく | や | 샤 카 이<br>しゃかい | 사회 |
| 치유 | 치 유<br>ちゆ | ゆ | 츄 우 고 쿠<br>ちゅうごく | 중국 |
| 병아리 | 히 요 코<br>ひよこ | よ | 효 오 겡<br>ひょうげん | 표현 |

또박또박 말한다      한 번에 빨리 말한다

왼쪽은 그냥 두 글자를 나열한 것입니다. 반면 오른쪽은 요음을 사용했습니다.
결국 요음은 작게 쓰고 한 번에 읽는다라고 정리할 수 있습니다.
요음은 오직 い<sub>이</sub>단에만 붙일 수 있습니다.

## 일본어의 받침

일본어에서 받침 역할을 하는 글자는 っ<sub>촉음</sub>과 ん<sub>발음</sub>, 2개뿐입니다.
그러나 っ<sub>촉음</sub>과 ん<sub>발음</sub>은 발음이 한 가지로 고정된 것이 아니고,
뒤에 어떤 글자가 오는지에 따라 발음이 여러 가지로 변합니다.

# 촉음 っ

っ촉음은 ㄷ·ㄱ·ㅅ·ㅂ, 이렇게 4가지 발음을 가지고 있지만,
촉음을 발음하기란 그렇게 어려운 일이 아닙니다.
바로 뒤에 나오는 자음의 발음이 촉음으로 옮겨가는 것이기 때문입니다.

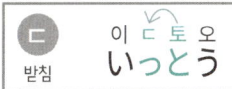 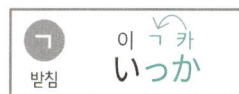 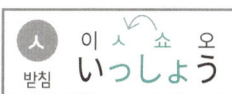 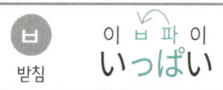

이때 요음과 마찬가지로 っ촉음을 청음의 절반 정도의 크기로 작게 만든 다음, 청음 옆에 붙여주면 됩니다.

# 발음 ん

っ촉음은 뒷글자의 발음이 그대로 앞으로 전달되기 때문에 매우 쉬웠습니다.
하지만 ん발음은 더 살펴봐야 합니다.
뒷글자의 영향을 받기는 하지만, 뒷글자를 그대로 따라가는 것은 아니기 때문입니다.

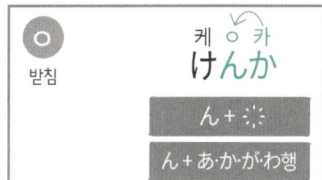 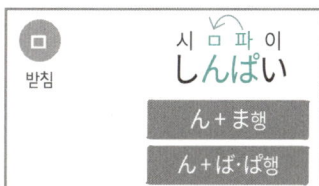 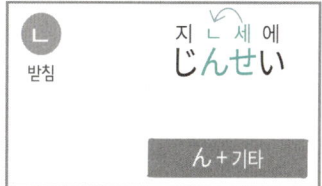

**Check Point**  일본어의 장음 규칙과 묵음 규칙

일본어의 장음에는 아주 간단한 규칙이 있습니다.
모음 あ아, い이, う우, え에, お오 의 앞에 같은 음소를 가진 글자가 올 때, 그 글자를 길게 읽으면 된다는 것입니다.

오 카 ~ 상
**おかあさん**  엄마, 어머니

오 지 ~ 상
**おじいさん**  할아버지

셈 푸 ~ 키
**せんぷうき**  선풍기

장음에는 단 2가지 예외가 있습니다. 이 예외만 기억하면 장음을 모두 읽을 수 있게 됩니다.

**1** ㅔ + 이 い = ㅔ~

센 세 ~
**せんせい**  센세이 X  선생님

**2** ㅗ + 우 う = ㅗ~

벤 토 ~
**べんとう**  벤토우 X  도시락

또한, 일본어에는 묵음 규칙도 있습니다.
주로 くク 뒤에 さ사, しく시, すㅅ, せ세, そ소 가 오는 경우, くク는 'ㅜ'라는 발음을 잃게 되고 'ㄱ' 받침으로 발음됩니다.

각 세 ~
**がくせい**  학생

약 소쿠
**やくそく**  약속

탁 상
**たくさん**  많음

로마에 왔으면 로마의
法<sup>ほう</sup> 를 따라야지?

# 2장

그 이름, 식당매너

가깝고도 먼

美しい うつくしい : 아름다운　　　詩 し : 시　　　食べる たべる : 먹다　　　腹 はら : 배

背中 せなか : 등　　　行く いく : 가다　　　食堂 しょくどう : 식당

야, 그런데 여기서 **近い**한 곳에 있는 거지?

먼 곳 아니지? 먼 곳은 싫어!

이 근처니까 걱정하지 마~
한 5분 정도만 **歩く** 하면 나올 거야.

진짜지? **嘘** 면 나중에 가만 안 둔다.

**嘘吐き** 라고 평생 놀릴 거야!

아, 그만 징징대고 너넨 그냥 나만 따라와! 이쪽이야.

덜그럭    덜그럭

딸랑~

**いらっしゃいませ**。
두 분이신가요?

**こんにちは**~
네, 두 명 맞아요.

옝, 나도 있는데!!

자리로 바로 안내해드리겠습니다.
이쪽으로 오세요.

우와~
사람이 바글바글하네.

나도 **居る** 하다고!

후훗, 그럴만한
**理由** 가 다 있지~
빨리 따라가자!

여기 앉아주세요.
잠시만 기다려 주시면 곧
**メニュー** 판을 가져다드리겠습니다.

네,
감사합니다~

---

**近い**ちかい : 가까운 　　**歩く**あるく : 걷다 　　**嘘**うそ : 거짓 　　**嘘吐き**うそつき : 거짓말쟁이

**いらっしゃいませ**。: 어서 오세요. 　**こんにちは**。: 안녕하세요 오후 　**居る**いる : 있다 (생물) 　　**理由**りゆう : 이유

**メニュー** : 메뉴

---

| | | | |
|---|---|---|---|
| 膝 ひざ : 무릎 | 良い よい : 좋은 | 家具 かぐ : 가구 | 匂い におい : 냄새 |
| お願い。 おねがい。: 부탁해. | 探す さがす : 검색하다 | 有名な ゆうめいな : 유명한 | 予約 よやく : 예약 |
| 入る はいる : (문을 열고) 입장하다 | 美味しい おいしい : 맛있는 | どういたしまして。: 천만에요. | |

---

**店員** てんいん : 종업원　　　　**お客様** おきゃくさま : 손님　　　　**持って来る** もってくる : 가져오다　　　　**直ぐ** すぐ : 곧

**済みません。** すみません。 : 저기요(종업원을 부를 때).　　　　**メニューをください。** : 메뉴판 주세요.

**声** こえ : 목소리　　　　**どうして** : 왜

후 너희가 話す(はな) 한 대부분이 어디서 나온 기준인지는 모르겠는데
유럽에서는 테이블 매너가 重要な(じゅうよう) 한 문화이기 때문에 꼭 지켜야 해.
테이블?
매너?
그래. 종업원을 부르고 싶으면 目(め) 가 마주칠 때까지 기다렸다가
드디어 날 봐주셨어!
눈이 마주치면 그때 手(て) 를 들어 조용히 불러야 하는 거야.
저... 이제 주문하고 싶어요.
大声で(おおごえ) 로 부르면 다른 사람들한테 폐가 된다고 생각하거든.
그리고 여기 종업원들에게는 자기만의 일 처리 순서가 따로 있어서
1. 1번 테이블 세팅
2. 7번 테이블 응대
3. 1번 테이블 안내
⋮
1. 3번 테이블 청소
2. 4번 테이블 계산
⋮
너처럼 막 呼ぶ(よ) 한다고 해서 바로바로 대응해주지 않아.
저기요! 어디 가세요? ㅠㅠ
wait!
지금은 7번 테이블 응대하러 가는 중~
또, 종업원과 손님은 갑을관계가 아닌 대등한 関係(かんけい) 라고 여기기 때문에
ㅋㅋㅋ
물 줘, 소스 줘, 업어 줘, 불 꺼줘.
계속 깝죽거려?
그걸 모르고 계속 예의 없게 행동했다간 여기서 出る(で) 하라고 할 수도 있어.
너 나가.

| | | | |
|---|---|---|---|
| 話す はなす : 이야기하다 | 重要な じゅうような : 중요한 | 目 め : 눈 | 手 て : 손 |
| 大声で おおごえで : 큰 소리로 | 呼ぶ よぶ : 부르다 | 関係 かんけい : 관계 | 出る でる : 나가다 |

기껏 여기까지 왔는데 아무것도 못 먹고 나갈 순 없잖아. 안 그래?
너희가 뭘 잘못했는지 이제 좀 **分かる** 하겠어?

그래… 아주 잘 **分かった**.
근데 하도 오래 걸리니까 나도 모르게 그냥…

**言い訳** 는 됐고! 다음부터는 꼭 주의해. 아, 종업원 온다.

죄송함돠!

메뉴판입니다.
**必要な** 하신 음료 있으면
먼저 주문해주세요.

저, 죄송하지만 조금 있다가
음식이랑 같이 **注文** 해도 될까요?

물론이죠. 천천히 보시면서
메뉴를 **選ぶ** 해주세요. 그럼.

다시
오겠습니다.

가게의 질서는
내가 지킨다!!

어디 한번
난리
피워보시지!!

…순간 흘깃하고
노려보는 거 봤지?

알았어,
내가 잘못했다고.

그보다 얼른 음식이나
**注文する** 하자. 배고파.

그래, 그럼 메뉴에 뭐가 있는지
어디 한번 볼까~

빨리, 빨리~

---

**分かる** わかる : 알다 　　**分かった。** わかった。: 알았다. 　　**言い訳** いいわけ : 변명 　　**必要な** ひつような : 필요한

**注文** ちゅうもん : 주문 　　**選ぶ** えらぶ : 고르다 　　**注文する** ちゅうもんする : 주문하다

ステーキ : 스테이크　　トースト : 토스트　　サンドイッチ : 샌드위치　　ピザ : 피자

パスタ : 파스타　　スープ : 수프　　サラダ : 샐러드

# Dessert

プリン  ワッフル  マカロン

※ 마카롱은 사실
이탈리아 디저트야!

ブラウニー  緑茶（りょくちゃ）  コーヒー

ジュース  ホットチョコレート  赤ワイン（あか）
白ワイン（しろ）

※ 이탈리아는 자릿세와 물값이
기본이니까, 꼭 확인해!

※ 레드 와인은 고기,
화이트 와인은 생선을 먹을 때 즐겨!

오늘의 런치 코스
샐러드+스테이크+브라우니

피자를 시킬 땐
1인당 한 판을 시키는 게
매너라더라.

우리도 피자 먹을 거면
세 판 시켜야겠네?

---

プリン : 푸딩　　　ワッフル : 와플　　　マカロン : 마카롱　　　ブラウニー : 브라우니

緑茶 りょくちゃ : 녹차　　　コーヒー : 커피　　　ジュース : 주스　　　ホットチョコレート : 핫초코

赤ワイン あかわいん : 레드와인　　　白ワイン しろわいん : 화이트와인

여러 가지 메뉴가 있네.
넌 **何**<sup>なに</sup> 가 먹고 싶어?

난 **何でも**<sup>なん</sup> 다 좋아.
네가 먹고 싶은 걸로 시켜줘.

그래? 그럼…
런치 코스로 먹자!

그럼 나도
런치 코스!

분위기도 낼 겸
**ワイン** 도
한 잔씩 할까?

나야
너무 좋지~

그런데 괜찮겠어?
여기 음식 가격 되게 **高い**<sup>たか</sup> 한 것 같은데…

괜찮고말고.
어차피 여기서 먹은 거 전부
네가 **支払う**<sup>しはら</sup> 할 거니까.

하하. 너 치고는 오랜만에
정말 **面白い**<sup>おもしろ</sup> 한 농담인데?

하하하!

농담 아닌데.

그럼 메뉴는 다 골랐고,
어… 종업원이 **どこ** 에 있나.

메뉴는
다 정하셨나요?

불쑥

으앗,
**びっくりした**!

콜록!

아니, 도대체 **いつ** 부터
내 뒤에 와있던 거야…?

?!

아까부터
있었는데…

………

---

| | | | |
|---|---|---|---|
| **何** なに : 무엇 | **何でも** なんでも : 뭐든지 | **ワイン** わいん : 와인 | **高い** たかい : 비싼 |
| **支払う** しはらう : 지불하다 | **面白い** おもしろい : 재미있는 | **どこ** : 어디 | **びっくりした。** : 깜짝 놀랐어. |
| **いつ** : 언제 | | | |

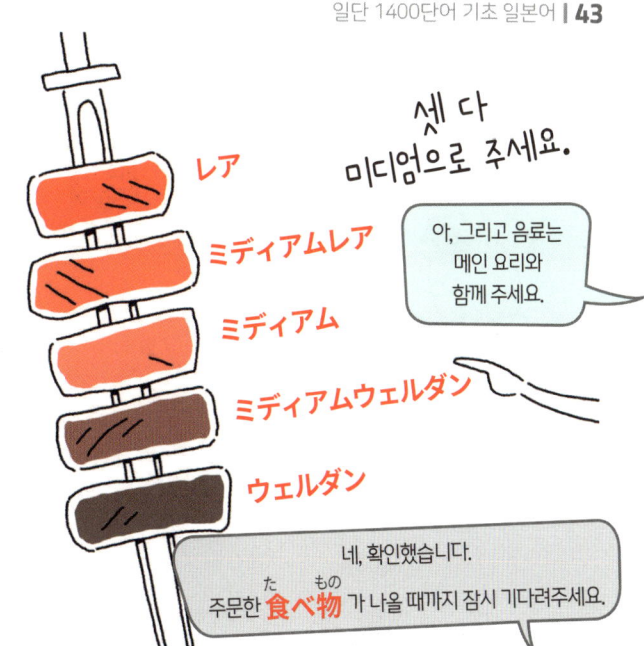

레ア
ミディアムレア
ミディアム
ミディアムウェルダン
ウェルダン

셋 다 미디엄으로 주세요.

---

**注文お願いします。** ちゅうもんおねがいします。 : 주문할게요.    **レア** : 겉만 익힘    **ミディアムレア** : 살짝 익힘

**ミディアム** : 중간 정도 익힘    **ミディアムウェルダン** : 잘 익힘    **ウェルダン** : 완전히 익힘    **食べ物** たべもの : 음식

**おかしい** : 우스운    **口** くち : 입    **話し合う** はなしあう : 상의하다    **脚** あし : 다리, 발

이것들이 뚫린 입이라고 아무렇게나 **しゃべる**하네. 너희가 무슨 자연인이야?

그렇게 아무런 **計画**(けいかく) 없이 돌아다녔다가는 볼 것도 못 본다고.

그러지 말고, 어디 가고 싶은 **ところ**가 한군데쯤은 있을 거 아니야.

말해보라니까?

음, 정 그렇다면 말이지...

음...

셰익스피어의 소설 베니스의 상인의 주 무대이자, **水**(みず)의 도시로 불리는 베네치아에 가보고 싶어.

곤돌라 탈래!

VENEZIA

**都市**(とし) 사이사이로 바다가 흐르고 있다는 게 정말 낭만적이지 않니?

아, **すまない** 하지만 거기는 못 가.

뭐야, 왜.

네가 뭔데!

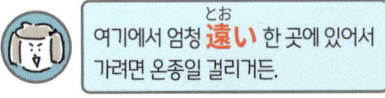여기에서 엄청 **遠い**(とお)한 곳에 있어서 가려면 온종일 걸리거든.

아, **そう**? 아쉽네.

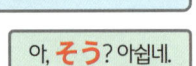거기 말고 딴 곳은 없어? 또 말해봐.

---

**しゃべる** : 말하다 (talk)  **計画**けいかく : 계획  **ところ** : 장소  **水**みず : 물

**都市**とし : 도시  **すまない** : 미안한  **遠い**とおい : 멀리 있는  **そう?** : 그래?

---

**タワー** : 탑

**ヤッホー。** : 야호.

**考える** かんがえる : 생각하다

**名前** なまえ : 이름

**地図** ちず : 지도

**知らない** しらない : 모르다

**意見** いけん : 의견

**意味** いみ : 의미

**謝る** あやまる : 사과하다

**怒る** おこる : 화를 내다

---

**人** ひと : 사람　　　　　**俳優** はいゆう : 배우　　　　　**従う** したがう : 뒤를 따르다　　　　　**ガイド** : 안내자

**足** あし : 발, 다리　　　　　**お待たせしました。** おまたせしました。 : 오래 기다리셨습니다.　　　　　**やっと** : 드디어

---

**いつでも** : 언제든지　　**楽しい** たのしい : 즐거운　　**いただきます。** : 잘 먹겠습니다.　　**味** あじ : 맛

**止まる** とまる : 멈추다　　**虫** むし : 벌레　　**使う** つかう : 사용하다　　**握る** にぎる : 잡고 있다

아, 난 또 무슨 큰 問題(もんだい)라도 생긴 줄 알았네. 괜히 뱉었잖아!

누가 뱉으랬나? 아무튼, 그거 손에서 置(お)く하고 이걸로 먹어. 자.

엣헴!!

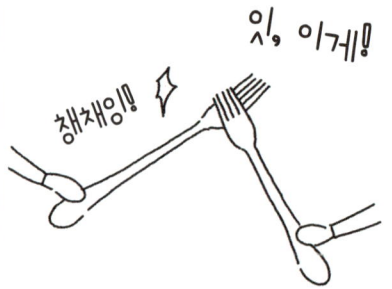

싫어! 먹던 걸로 먹을 거야! 그보다 그런 게 어디 있어! 둘 다 똑같은 フォーク잖아!

잇, 이게!!

챼챼잉!!

똑같지 않아. 로마에 왔으면 로마의 法(ほう)를 따라야지? 자, 얼른 받아. 내 가냘픈 腕(うで)가 툭 하고 떨어지겠네.

고럼, 고럼!! 얼른 받아!!

너... 내 편 아니었어?

핫!! 나도 모르게 그만... 헤헷!!

하아, 食事(しょくじ)도 마음대로 못 하게 하다니…

우리 母(はは)도 나한테 이렇게까지 깐깐하진 않았는데.

오냐, 오냐 키웠지!!

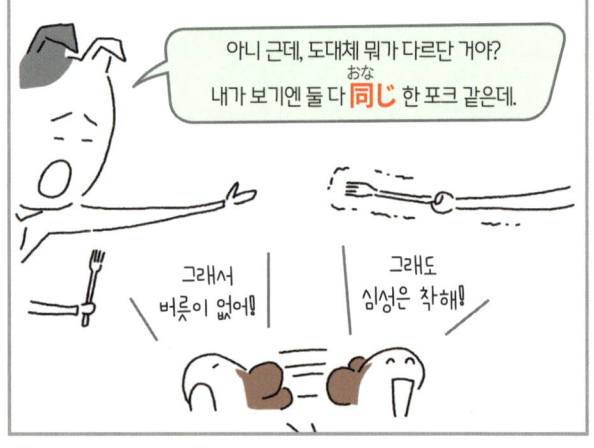

아니 근데, 도대체 뭐가 다르단 거야? 내가 보기엔 둘 다 同(おな)じ한 포크 같은데.

그래서 버릇이 없어!!

그래도 심성은 착해!!

조용히 안 해?

꽁!!

아야!!

---

| | | | | |
|---|---|---|---|---|
| 問題 もんだい : 문제(problem) | 置く おく : 놓다 | フォーク : 포크 | 法 ほう : 법 |
| 腕 うで : 팔 | 食事 しょくじ : 식사 | 母 はは : 엄마 | 同じ おなじ : 같은 |

똑같다고?

어흠! 이렇게 된 이상 어쩔 수 없네.

지금부터 내가 유럽의 테이블 세팅법에 대해 **教える** 해 줄 테니까 이번 기회에 똑똑히 배워두도록 해. 알았지?

밥 먹다 말고 **突然**? 난 그다지 듣고 싶지 않은데.

잘난 척 하지 마!

테이블 세팅은 유럽의 각 **国** 마다, 또는 시간대와 상황에 따라 조금씩 다르지만 대체로 이런 식이야.

어이~ 내 말 듣고 있니? 사람 말 좀 어이~ 들으라고!

가운데 **皿** 를 기준으로 왼쪽으로는 포크, 오른쪽으로는 **ナイフ** 와 **スプーン**, 왼쪽 위에서부터 **パン** 접시, 디저트용 식기, 물 **コップ** 와 와인잔이 놓여 있어. **ナプキン** 은 보편적으로 접시 위에 놓이지만, 때에 따라 포크 옆에 놓여 있기도 해.

커피잔

디저트 스푼

물 잔

레드 와인 잔

빵 접시

버터나이프

디저트 포크

화이트 와인 잔

냅킨

샐러드 포크

수프 스푼

생선 포크    디너 포크    접시    디너 나이프    생선 나이프

---

**教える** おしえる : 가르치다    **突然** とつぜん : 갑자기    **国** くに : 국가    **皿** さら : 접시

**ナイフ** : 칼    **スプーン** : 숟가락    **パン** : 빵    **コップ** : 컵

**ナプキン** : 냅킨

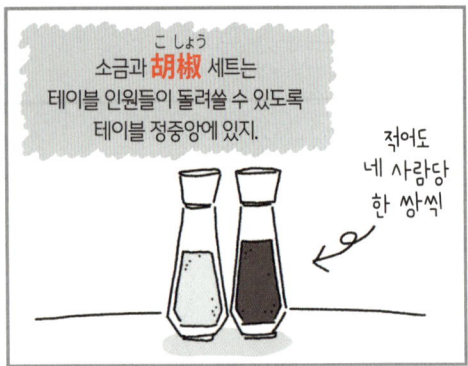

소금과 **胡椒**(こしょう) 세트는 테이블 인원들이 돌려쓸 수 있도록 테이블 정중앙에 있지.

적어도 네 사람당 한 쌍씩

각각의 식기들은 음식의 **種類**(しゅるい) 에 따라 달리 사용해야 하는데

생선?

고기?

야채?

예를 들어 **魚**(さかな) 요리가 나왔으면 그에 맞는 포크와 나이프를

**肉**(にく) 요리가 나왔으면 또 그에 맞는 포크와 나이프를 써야 하는 식이야.

아니, 잠깐만.. 다 비슷비슷하게 생긴 걸 **どうやって** 구별하란 거야?

아삭아삭

그건… 식기의 모양을 자세히 보고 구별하는 수밖에 없어.

하지만, 우리가 이런 문화에 **特に**(とく) 흥미를 가지고 있는 것도 아니고 그런 걸 일일이 **覚える**(おぼ) 하고 다닐 필요는 없잖아?

냠냠  쩝쩝

---

**胡椒** こしょう : 후추  **種類** しゅるい : 종류  **魚** さかな : 생선  **肉** にく : 고기

**どうやって** : 어떻게  **特に** とくに : 특히  **覚える** おぼえる : 기억하다

그래서 좌우간
**음식이 나올 때마다 가장자리에 있는 식기부터 차례대로 사용한다.**
이 점만 **記憶** 하고 있으면 돼.

애! 그리고 또 하나 기억해두면 좋은 게 있는데
바로 좌빵우물이란 **單語** 야.

그건 또 뭔데?

테이블 세팅 시 **左** 에는 빵,
**右** 에는 물이 놓인다는 뜻인데

지금 우리가 이렇게 마주 앉아 있을 때는 상관없지만
만약 이런 둥근 **テーブル** 같은 곳에서
여러 명이 앉아 식사할 경우에는
**どれ** 가 내 빵이고, 물인지 헷갈려서

빵과 물의
뫼비우스 띠...

---

**記憶** きおく : 기억          **單語** たんご : 낱말          **左** ひだり : 왼쪽          **右** みぎ : 오른쪽

**テーブル** : 탁자          **どれ** : 어느 것 (어느, 어떤)

실수로 **他の人** 의 것을 먹어버릴 수도 있거든.

내...내 빵...!

물론, 그런 일이 벌어져도 **笑う** 해서
넘길 수 있는 상황이면 참 좋겠지만
그렇지 않은 경우가 많을 테니 미리 알아두면 좋다는 말씀.

에이~ 형!

왼쪽 오른쪽도 몰라? ㅋㅋㅋ
내가 함 봐준다~?
엉? 귀여운 내가~

미, 미안.

이상,
강의 **終り** !

와~ 너무나도
친절하게 가르쳐주셔서
**ありがとうございます.**
교수님!

그럼 저 이제 화장실 좀
다녀와도 될까요?
배가 또 사르르
**痛い** 한 것 같은데.

왜 안 가나
했다!

잠깐!

**その前に**
하나만 더 듣고 가.

아 진짜, 또 뭔데?
나 지금 배 아프다고!
광장히 **急な** 한
상황이라니깐!?

이머전시! 이머전시!

너 지금 앞에 있는 음식 다 먹은 거지?

응응, 그런데?

---

**他の人** ほかのひと : 다른 사람    **笑う** わらう : 웃다    **終り** おわり : 끝    **ありがとうございます。** : 고맙습니다.

**痛い** いたい : 아픈    **その前に** そのまえに : 그 전에    **急な** きゅうな : 급한

그럼, 식기를 접시 위에
이런 식으로 놔야 해.
이건 '음식을 다 먹었으니까
다음 음식을 가져다주세요'라는
일종의 **サイン** 이거든.

또, **まだ** 음식을 다 먹진 않았지만
잠시 식사를 멈추고
이야기를 나누고 싶거나
자리를 비우고 싶을 때는 이렇게,

다 먹고 식사를
완전히 **終える** 했을 때는 이렇게,

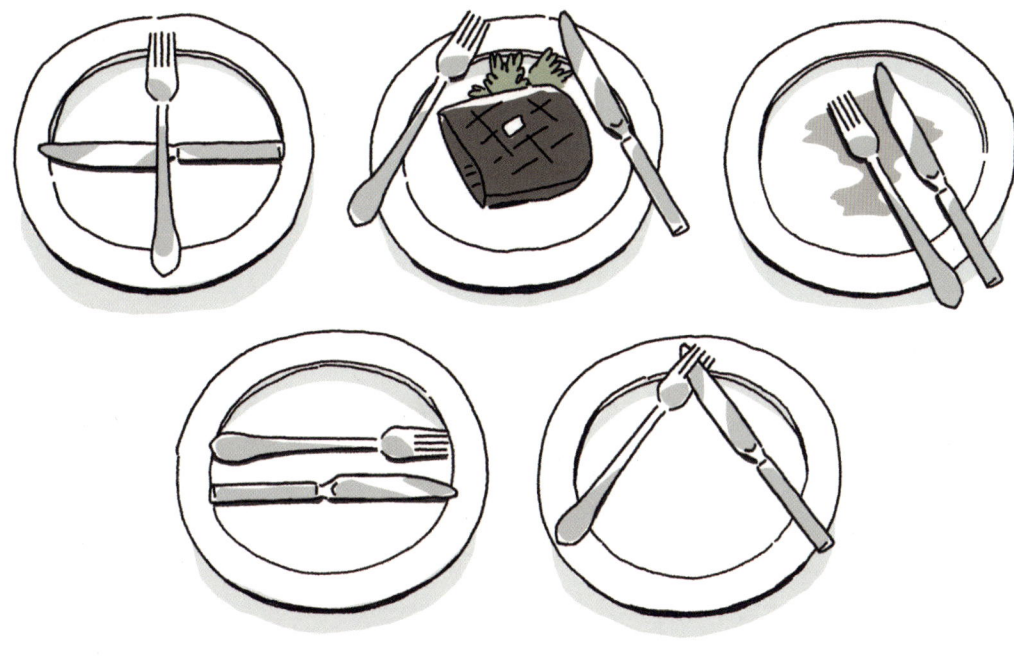

그리고 음식이나
**サービス** 가
무척 마음에 들었다 싶으면 이렇게,

마음에 들지 않았다면
이런 식으로 놓는 거야.

| **サイン** : 신호 | **まだ** : 아직 | **終える** おえる : 끝내다 | **サービス** : 서비스 |
|---|---|---|---|
| **誰** だれ : 누구 | | | |

---

死ぬ しぬ : 죽다　　　　多く おおく : 많이　　　　トイレットペーパー : 화장지

携帯電話 けいたいでんわ : 휴대폰　　　誰か だれか : 누군가　　　誰でも だれでも : 누구든지

얘는 대체 왜 이렇게
안 오는 거야?
변비인가?

그럴 리 없어!
내가 **前回に** 에 말했잖아?
ぜんかいに
쟤 과민성…

이.. 이건!

찌릿!

가, 갑자기 왜 그래?
놀랐잖아.

어.. 어디가!
뭐가 **危険** 하다는 거야!
き けん

불쑥!

녀석이…
위험해!

**失礼します.**
しつれい

슝!

메인 요리
놓아드리겠습니다.

아, 고맙습니다.

흐으흐크윽허응,
누가 나 좀 살려…

눈물

**前回に** ぜんかいに : 지난번에　　　**危険** きけん : 위험　　　**失礼します.** しつれいします. : 실례합니다.

역시, 어마어마한
**緊急事態** (きんきゅうじたい) 에 빠져있었군…

실례쥐…

내가 그럴 줄 알고 챙겨왔지!
자, 이거 **受ける** (う) 해!

아닛, 이건 내가 그토록
손에 넣길 **望む** (のぞむ) 했던 휴지!

거룩하도다.

도대체, 어떻게 알고
가져온 거지!?

홋, 난 네 녀석의 평소 배변 **習慣** (しゅうかん) 을 꿰고 있다고!
이런 추리쯤이야 내게는 누워서 떡 먹기라네! 왓싄!

와.. 왓슨?

아무튼, 천천히 뒤처리하고 나오게나!
이 몸은 화장실 **門** (もん) 밖에서
자네를 기다릴 터이니!

후!

예, 옛! 쓀!

---

**緊急事態** きんきゅうじたい : 비상사태　　**受ける** うける : 받다　　**望む** のぞむ : 바라다　　**習慣** しゅうかん : 습관

**門** もん : 문

~間に ~あいだに : ~하는 동안(에)　　恥 はじ : 수치심　　そこ : 거기

---

**内** うち : 집(정신적)　　　**乾杯** かんぱい : 건배　　　**それなら** : 그렇다면　　　**今日** きょう : 오늘

**素晴らしい** すばらしい : 훌륭한　　　**喜び** よろこび : 기쁨

---

道 みち : 길　　　　高い たかい : 높은　　　　負ける まける : 지다　　　　勝つ かつ : 이기다

始め はじめ : 시작　　　　楽しみ たのしみ : 즐거움

아~ 잘 먹었다 마지막에 나온 **デザート** 도 대만족이었어.

으, 그런데 너무 많이 먹어서 큰일 났어. 우리 분명 **体重**(たいじゅう) 가 5kg씩은 늘어났을 거야···

배불배불

야··· 갑자기 몸무게 얘기하지 마라··· 우울해지니까···

하아··· **ダイエット** 해야 하는데···

홀쭉~

아, 맞다! 그런 말이 있잖아? **幸せに**(しあわ) 하게 먹었으면 0칼로리!

!!! 맞아 **以前に**(いぜん) 에 어디선가 들어봤어! 그런데, 맛있게 먹었으면 0칼로리 아닌가?

아, 그랬나? 하하하.

**とにかく!** 그 말에 따르면 우린 살 안 쪘을 거야. 먹기 전 그대로야!

아니지···! 우리 되게 전투적으로 먹었잖아! 그러니까 오히려 살이 빠지지 않았을까?

오오, 맞아! 땀 줄줄 흘려가면서 먹었지! 굉장히 파이팅 넘쳤어!

그렇다면?

그만큼 빠졌겠지!

와~ 먹으면서 살 뺐다. 와~

날다람쥐 TV

다람쥐 리포터

이들은 전형적인 합리화의 **過程**(かてい) 를 아주 적나라하게 보여주고 있습니다.

---

**デザート** : 디저트　　　　**体重** たいじゅう : 체중　　　　**ダイエット** : 다이어트　　　　**幸せに** しあわせに : 행복하게

**以前に** いぜんに : 예전에　　　　**とにかく** : 어쨌든　　　　**過程** かてい : 과정

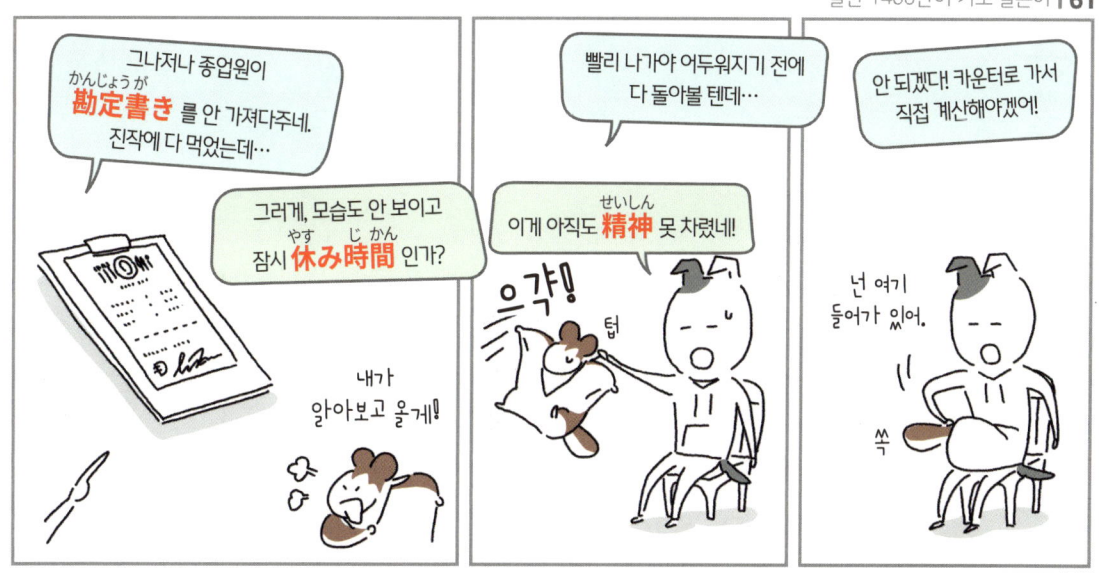

---

**勘定書き** かんじょうがき : 청구서　　**休み時間** やすみじかん : 휴식 시간　　**精神** せいしん : 정신　　**動く** うごく : 움직이다

**頭** あたま : 머리　　　　　　**大丈夫です。** だいじょうぶです。: 괜찮습니다.

---

忙しい いそがしい : 바쁜　　　团体 だんたい : 단체　　　好意 こうい : 호의　　　はい。 : 네

ごちそうさまでした。 : 잘 먹었습니다.　　　カード : 카드　　　こっち : 이쪽

그렇다면...!

응? 아이고, 이런! 내 **財布**<sup>さい ふ</sup> 가 어디 갔더라~?
음~ 배낭에다 넣어놨었다~?

여기 있잖..

찌릿!

합...!

하하핫, 잠깐만 기다려 봐~?

앗, 그렇게 할래?

…됐다, 됐어. 일단 내가 계산할게.

네, 잠시 **数える**<sup>かぞ</sup> 해볼 테니 조금만 기다려주세요.

**現金**<sup>げんきん</sup> 으로 계산할게요. 여기요.

좀 스러워서 정말

50

그런데 너 혹시라도 오해하지 마라? 내가 안 내고 싶었던 게 아니야.

……

알지? 내고 싶었는데 지갑이 말이야~

한 놈, 두시기, 석 삼, 너구리...
네, 계산 완료되었습니다. 여기 남은~

뻥!

시끄럽게 하지 말고 빨리 가!

그럼 안녕히 계세요~

어? 자 잠시만요, 손님! **お釣り**<sup>つ</sup> 받아 가셔야죠!

---

**財布** さいふ : 지갑    **現金** げんきん : 현금    **数える** かぞえる : 세다    **お釣り** おつり : 거스름돈

후,

本当(ほんとう)に 로 모르는 건지,
아니면 모르는 척하는 건지…

그건…
팁이에요!!

어맛!?

고, 고맙습니다!
기회가 되면 いつか 꼭
다시 한번 방문해주세요!

근데 음식 値段(ねだん)
얼마나 나왔어?

꽤 많이 나왔어~

조심히 들어가세요!

딸랑~

후!!

… 너 좀 멋있다?

흥, 그걸
이제야 알았나?

반하지 마라.
피곤해지니까.

그러니까 どのくらい?

TOTALE EURO

이리 와봐.

굳이 귓속말을…?

소곤소곤

헉… 진짜 꽤 많이 나왔구나.
조금 미안한데..?

어머, 무슨 소리래?
後(あと)で 에다 받을 거거든?

뭐야! 네가 쏘는 거
아니었어!?

---

**本当に** ほんとうに : 진짜로　　　**いつか** : 언제가　　　**値段** ねだん : 가격　　　**どのくらい?** : 얼마큼?

**後で** あとで : 나중에

父 ちち : 아빠　　　　事業 じぎょう : 사업　　　　今 いま : 지금　　　　口座 こうざ : 계좌

後ろ うしろ : 뒤　　　　スケジュール : 일정, 스케줄

# 03 일본어의 숫자

## 기수와 서수

일본어 숫자를 배울 때는 보통 기수와 서수 2가지를 배웁니다.
'기수'와 '서수'라는 단어가 낯설게 느껴질 수 있지만,
우리말에서도 종종 사용하는 개념이니 어려울 것은 없습니다.

먼저 기수란 '일, 이, 삼......'과 같은 기본적인 숫자를 말합니다.
그리고 서수는 '첫 번째, 두 번째, 세 번째......'와 같은 순서를 나타내는 말로
'하나, 둘, 셋'과 같은 개념입니다.
일본어의 서수는 1부터 10까지만 사용하는 것이 일반적입니다.

| | 1 | 2 | 3 | 4 | 5 | 6 | 7 | 8 | 9 | 10 |
|---|---|---|---|---|---|---|---|---|---|---|
| 기수 | いち<br>이치 | に<br>니 | さん<br>상 | し<br>시 | ご<br>고 | ろく<br>로쿠 | しち<br>시치 | はち<br>하치 | きゅう<br>큐우 | じゅう<br>쥬우 |
| 서수 | ひとつ<br>히토츠 | ふたつ<br>후타츠 | みっつ<br>밋츠 | よっつ<br>욧츠 | いつつ<br>이츠츠 | むっつ<br>뭇츠 | ななつ<br>나나츠 | やっつ<br>얏츠 | ここのつ<br>코코노츠 | とお<br>토오 |

## 기수를 활용한 표현

앞에서 배운 숫자를 활용해 이번에는 사물의 개수를 세어보겠습니다.
個코는 '한 개, 두 개, 세 개'에서 개에 해당하는 표현입니다.

| 한 개<br>**いっこ**<br>**一個**<br>익코 | 두 개<br>**にこ**<br>**二個**<br>니코 | 세 개<br>**さんこ**<br>**三個**<br>상코 | 네 개<br>**よんこ**<br>**四個**<br>용코 | 다섯 개<br>**ごこ**<br>**五個**<br>고코 |
|---|---|---|---|---|
| 여섯 개<br>**ろっこ**<br>**六個**<br>록코 | 일곱 개<br>**ななこ**<br>**七個**<br>나나코 | 여덟 개<br>**はっこ**<br>**八個**<br>학코 | 아홉 개<br>**きゅうこ**<br>**九個**<br>큐우코 | 열 개<br>**じゅっこ**<br>**十個**<br>쥭코 |

**Check Point** 주의해야 할 숫자, 4와 7

숫자 4는 死(죽을 사)와 발음이 같아서, 건물의 4층을 'F층'으로 표기하는 경우가 종종 있죠.
일본어에서도 숫자 4를 し시라고 읽으면, 死시와 발음이 같기 때문에,
し시 대신 よん용으로 읽는 경우가 많습니다.
숫자 7 역시 しち시치라고 읽게 되면 '사지'를 뜻하는 死地시치와 발음이 같아서,
しち시치 대신 なな나나를 사용하기도 합니다.

## 서수를 활용한 표현

사물의 개수를 셀 때 사용할 수 있는 표현이 한 가지 더 있습니다.
바로 '하나, 둘, 셋'과 같은 표현으로 우리가 "사과 한 개 주세요."라는 말을
"사과 하나 주세요."라는 말로 바꿔 쓸 수 있는 것과 같은 개념입니다.

| 하나 / 한 개 | 둘 / 두 개 | 셋 / 세 개 | 넷 / 네 개 | 다섯 / 다섯 개 |
|---|---|---|---|---|
| ひとつ | ふたつ | みっつ | よっつ | いつつ |
| 一つ | 二つ | 三つ | 四つ | 五つ |
| 히토츠 | 후타츠 | 밋츠 | 욧츠 | 이츠츠 |

| 여섯 / 여섯 개 | 일곱 / 일곱 개 | 여덟 / 여덟 개 | 아홉 / 아홉 개 | 열 / 열 개 |
|---|---|---|---|---|
| むっつ | ななつ | やっつ | ここのつ | とお |
| 六つ | 七つ | 八つ | 九つ | 十 |
| 뭇츠 | 나나츠 | 얏츠 | 코코노츠 | 토오 |

つ츠는 숫자 자체를 의미하며, 개라는 뜻도 있어서,
서수 표현을 그대로 사용함으로써 사물의 개수를 셀 수 있습니다.
이러한 서수 표현은 10까지만 사용하며, 11부터는 기수와 같습니다.

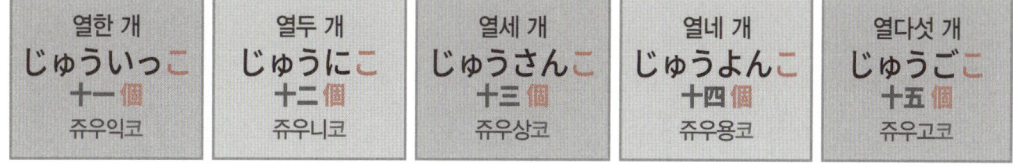

| 열한 개 | 열두 개 | 열세 개 | 열네 개 | 열다섯 개 |
|---|---|---|---|---|
| じゅういっこ | じゅうにこ | じゅうさんこ | じゅうよんこ | じゅうごこ |
| 十一個 | 十二個 | 十三個 | 十四個 | 十五個 |
| 쥬우익코 | 쥬우니코 | 쥬우상코 | 쥬우용코 | 쥬우고코 |

# 3장

아 는 만 큼 보 인 다

어휴~ 여긴 뭔데 사람이 이렇게나 많은 거야?

너무 정신없네!

여기는 스페인 광장이야.
로마에서 가장 人気のある 관광명소 중 하나지.

ROMAN HOLIDAY

혹시 로마의 휴일이라는 映画 알고 있어?

아니? 오늘 初めて 들어보는데?
넌 알고 있어?

몰라!
난 만화밖에
안 봐!

맞아, 그 영화를 보면
오드리 헵번이 저 階段 에서
젤라토를 먹거든?
그 장면이 얼마나 예쁜지~
아직도 회자되고 있을 정도야.

그래서 そんな 명장면의 배경이 된
이곳도 덩달아 명성을 얻게 됐고,

이렇게, 로마를 방문하는
訪問客 라면 반드시 찾는
명소가 되었단 말씀.

하긴, 모를 수도 있겠다.
非常に 오래된 영화니까
그래도 오드리 헵번은
알고 있겠지?

아, 알지~ 엄청
綺麗な 한
영화배우잖아.

난 몰라...

헤에,
그렇구나~

관심 X

---

**人気のある** にんきのある : 인기 있는    **映画** えいが : 영화    **初めて** はじめて : 처음으로    **非常に** ひじょうに : 굉장히

**綺麗な** きれいな : 예쁜    **階段** かいだん : 계단    **そんな** : 그런    **訪問客** ほうもんきゃく : 방문객

근데 저기서 먹었다던 그 젤라토란 게 뭐야?

먹을 것?

프링글X 같은 **お菓子** 야?

츄파춥X 같은 **キャンデー** ?

아님, 페레로XX 같은 **チョコレート** 인가?

땅~! 후훗, **全部** 틀렸어~ 젤라토는 이탈리아식 **アイスクリーム** 야.

저요! 젤라토니까 젤리!

일반적인 아이스크림과 달리 식감이 쫀득쫀득해서 엄청 맛있대.

우왕, 그거 꼭 한번 **味わう** 해보고 싶은데? 우리 사 먹을까?

당연한 소리!!

**良い** 해~ 마침 나도 먹고 싶었거든. 이 근처에 **結構な** 한 맛으로 유명한 가게가 있다고 하니 이따가 거기 가서 먹자.

엉!? 난 이왕 먹을 거 **その** 영화처럼 계단에서 먹자고 말한 건데.

그래!! 롸잇 나우!!

안 돼, 여긴 음식물 취식이 **不可能な** 한 곳이야.

예전에는 **可能な** 한 적도 있었지만, 지금은 문화재 보호 관리 차원에서 금지라나 뭐라나.

앗! 계단에 앉는 것도 **また** 금지야. 얼마 전까지만 해도 가능했었는데.

뭣이!!?

| | | | |
|---|---|---|---|
| **お菓子** おかし : 과자 | **キャンデー** : 사탕 | **チョコレート** : 초콜릿 | **全部** ぜんぶ : 전부 (모든 것) |
| **アイスクリーム** : 아이스크림 | **味わう** あじわう : 맛보다 | **良い** いい : 좋다 | **結構な** けっこうな : (상태가) 좋은 |
| **その** : 그 | **不可能な** ふかのうな : 불가능한 | **可能な** かのうな : 가능한 | **また** : 또한 |

速く はやく : 빠르게          警察 けいさつ : 경찰          警告 けいこく : 경고          お金 おかね : 돈

広場 ひろば : 광장

그건, 교황청의 스페인 대사관이 옛날부터 **この** 근처에 있었기 때문이야.

그보다, 우리 얼른 사진이나 찍자. 먼저 나부터 찍어줘. 자, 여기 **カメラ** 받아.

남는 건 사진뿐!

오키도키!

오, 이거 **フィルム** 카메라였네? 진짜 오랜만에 만져본다~

그게 뭐야? **普通の** 카메라랑 다른 거야?

엄청·다르지~

**こんな** 옛날 카메라는 꼭 이 필름을 넣어야만 사진을 찍을 수 있어. 그런데 한 필름당 최대 36장 정도밖에 찍을 수 없고,

찍은 사진을 **早速** 확인하고 싶어도, 현상하기 전에는 볼 수가 없지.

뭐야~ 너무 **不便な** 한 기계 아냐?

후후, 하지만 그렇기 때문에 **写真** 한 장 한 장이 소중하게 느껴진다고~

와… 근데 이거 무지막지 **古い** 한 것 같은데? 도대체 언제 쓰던 물건이야?

청동기?

그거 우리 **おばあさん** 이 옛날부터 썼던 거야. 젊었을 적 할머니 취미가 세계여행이었는데

젊었을 때 그랬지~

---

| | | | |
|---|---|---|---|
| **この** : 이 | **カメラ** : 사진기 | **フィルム** : 필름 | **普通の** ふつうの : 보통의 |
| **こんな** : 이런 | **早速** さっそく : 즉시 | **不便な** ふべんな : 불편한 | **写真** しゃしん : 사진 |
| **古い** ふるい : 오래된 | **おばあさん** : 할머니 | | |

유럽 旅行<sup>りょこう</sup> 중에 만난
어떤 사진작가한테 선물 받은 거랬어.

그런데. 후훗,
듣고 놀라지 마?

그 사진작가가 바로 우리
**おじいさん** 이란 거지!

…아무튼,

둘은 낯선 곳에서 만나
함께 여행하면서 자연스레
**恋人**<sup>こいびと</sup> 사이가 됐고,

그 뒤로 세월이 흐르고 흘러
이런 예쁜 孫<sup>まご</sup> 까지 보게 된 거야~

…왜
안 놀라?

?

놀라지
말라며.

우욱!

읍!

그러니까 실수로라도 절대
**落とす**<sup>お</sup> 하면 안 된다?
거기엔 정말 여러 가지 추억이 담겨…

앗, 떨어뜨렸다.
미안.

너 앞으로 한 번만 더 그딴
**冗談を言う**<sup>じょうだん い</sup> 하면
다음번엔 반드시…

**죽인다!**

하하하
농담이지롱~
하하하, 헉!

딥석!

내가 처음이자
**最後に**<sup>さいご</sup> 로
경고하는데,

끄덕끄덕!

---

旅行 りょこう : 여행　　　おじいさん : 할아버지　　　恋人 こいびと : 연인　　　孫 まご : 손주

落とす おとす : 떨어뜨리다　　　最後に さいごに : 마지막으로　　　冗談を言う じょうだんをいう : 농담하다

그럼, 나 여기 立つ<sup>た</sup> 해 있을 테니까 잘 찍어라~?

필름 너무 안 아껴도 돼!

흥!

흐흥

어엉...

어떻게 찍냐면, 음... 그래! 마치 お伽噺<sup>とぎばなし</sup> 속에 나오는 요정처럼 찍어줘~

...응... 나만 믿어...!

요정? 놀고 있네! 내 저걸 그냥! 참아...

그럼 찍는다~!

오케이!

どう? 나 요정 같아? 귀여워?

으... 응, 요정까진 아니고 可愛い<sup>かわい</sup> 한 것 같기는 해!

난 잠시 바람 좀 쐬고 올게...

찰칵! 찰칵! 찰칵!

비틀비틀

그런데 顔<sup>かお</sup> 가 좀 딱딱한 것 같다! 긴장했어? 좀 더 자연스럽게 微笑む<sup>ほほえ</sup> 해봐!

으응? 더 자연스럽게?

 이렇게?

 아니, 아직도 어색해!

 긴장을 좀 緩める<sup>ゆる</sup> 하란 말이야! 심호흡해 볼래?

 후우... 이... 이렇게?

 우냐! 무슨 悲しい<sup>かな</sup> 한 일이라도 있었어!?

 저게!

---

立つ たつ : 서다     お伽噺 おとぎばなし : 동화     どう? : 어때?     可愛い かわいい : 귀여운

顔 かお : 얼굴     微笑む ほほえむ : 미소 짓다     緩める ゆるめる : 긴장을 풀다     悲しい かなしい : 슬픈

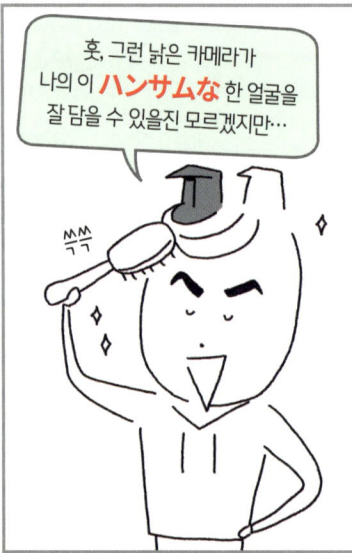

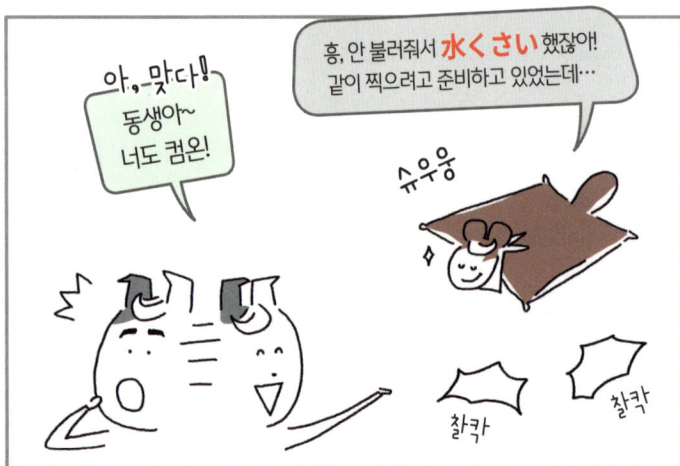

---

**チーズ!** : 치즈!(사진 찍을 때)　　**撮る**とる : (사진을) 찍다　　**ハンサムな** : 잘생긴　　**酷い**ひどい : 끔찍한

**水くさい**みずくさい : 속상한　　**兄弟**きょうだい : 남자 형제

自然に しぜんに : 자연스럽게     醜い みにくい : 못생긴     真面目に まじめに : 진지하게     血 ち : 피

짠~ 이건 트레비 분수야.
로마에 있는 바로크 양식의 분수 중
**もっとも** 큰 규모를 자랑하고 있지.

바로크 양식?
**それ** 가 뭐야!
먹는 건가?

아, 바로크란~

바로크란 서양 예술의
대표적 표현 양식 중
하나야.

응? 무슨 말
했어?

아, 아무것도
아냐...

<sub>げいじゅつ</sub>
미술이나 건축, 음악 등 여러 **芸術** 분야에 있어서
굉장히 역동적이고 극적인 효과를 나타내는 특징이 있어.

한 마디로
과장이 심해!

표현 양식은 바로크 외에
로마네스크, 고딕, 로코코 등이
존재하고 있지.

하지만, 사실 이곳은
그런 것보다 **コイン** 던지기로
더 많이 알려진 곳이야.

ⓒ

**もっとも** : 가장          **それ** : 그것          **芸術** げいじゅつ : 예술          **コイン** : 동전

投げる なげる : 던지다    利口な りこうな : 영리한    どこにでも : 어디든지    まったく : 전적으로

肩 かた : 어깨    一度 いちど : 한번    二度 にど : 두번

**三度(さんど)** 던지면 간절한 소원이 이루어진다는

**とても** 로맨틱한 전설을 가진 분수란 말이야~

로마의 휴일에서 오드리 헵번도 던졌다고!

오호라, 그건 또 몰랐네! 재밌겠는데?

그럼 난 두 번 던질래! 옆집 사는 콩순이의 관심을 **引く(ひ)** 할 수 있도록…

후훗, 좋아! 그럼 우리 다 같이 한번 해볼까?

잠깐만, 어… 동전이 어딨더라…

아, 맞다! 야, 동전 너한테 있지? 나한테 세 개만 **与える(あた)** 해줘. 야, 내 말 듣고 있어?

우헤헷! 이렇게 **何度(なんど)** 씩 던지면 어떻게 되는 거야? 헉! 인기가 많아지는 건가!? 너무 많아져도 큰일인데~!!

콩순이… 한 번! 콩순이… 두 번!

퐁포퐁당 퐁당포퐁당

어휴! 너희 정말 **恥ずかしい(は)**‼

후다다닥

야, 야! 어디 가! 야!!

---

**三度** さんど : 세 번      **とても** : 매우      **引く** ひく : 마음을 끌다      **与える** あたえる : 주다

**何度** なんど : 몇 번      **恥ずかしい。** はずかしい。 : 부끄럽다.

여기는 말이지!
어, 잠시만~
이게 뭐였냐면 말이지…

판테온.

판테온(pantheon) 이란 모든 신을 위한 신전이라는 뜻을 가진 그리스 **言語**(げんご),
판테이온(*Πάνθειον*) 으로부터 유래된 이름으로 고대 로마 시절,
로마에 존재하는 모든 신을 모시기 위해 지은 신전이지.

# *Πάνθειον*

현존하는 고대 로마 유적 중 가장 **完璧な**(かんぺき) 한 형태로
남아있어서 역사적 **価値**(かち) 가 상당한 곳이기도 해.

응? 왜 그렇게
**変な**(へん) 한 얼굴로 쳐다봐?

오예,
흑역사겠!

아, 아니. 네가 어떻게
알고 있는 거야?

당장 지워라.

---

**言語** げんご : 언어　　**完璧な** かんぺきな : 완벽한　　**価値** かち : 가치　　**変な** へんな : 이상한

어떻게 알고 있냐…고?

파칭!

파칭!

こた
**答える** 해 드리는 게 인지상정!

그것이 궁금해 물으신다면!

합!

합!

じゅぎょう
학창 시절 **授業** 시간만 되면 펜을 놓게 했던 언외수 과목과 달리!

가슴 뛰는 마음으로 공부했던
ゆいいつ
**唯一の** 의 과목!

인간 사회의 변천과
흥망의 과정!

그 모든 **イベント** 들의
기록이 담겨있는 지혜의 산물!

그것은 바로바로~
れきし
세계의 **歴史**!

かく
그리고 무얼 **隠す** 하랴!
내가 바로 역사 덕~후~~!!

빠밤!

조용~

짝짝짝짝!

べんきょう
크흠! 뭐, 나름 세계사에 대해 **勉強** 하다 보니
이런 지식도 쌓이게 됐다~ 이 말씀이지!

오호,
오호!

---

**答える** こたえる : 대답하다　　**授業** じゅぎょう : 수업　　**唯一の** ゆいいつの : 유일한　　**イベント** : 사건

**歴史** れきし : 역사　　**隠す** かくす : 숨기다　　**勉強** べんきょう : 공부

---

**馬鹿** ばか : 바보

**それはそうと** : 그건 그렇고

**入場料** にゅうじょうりょう : 입장료

**チケット売り場** ちけっとうりば : 매표소

**あそこ** : 저기

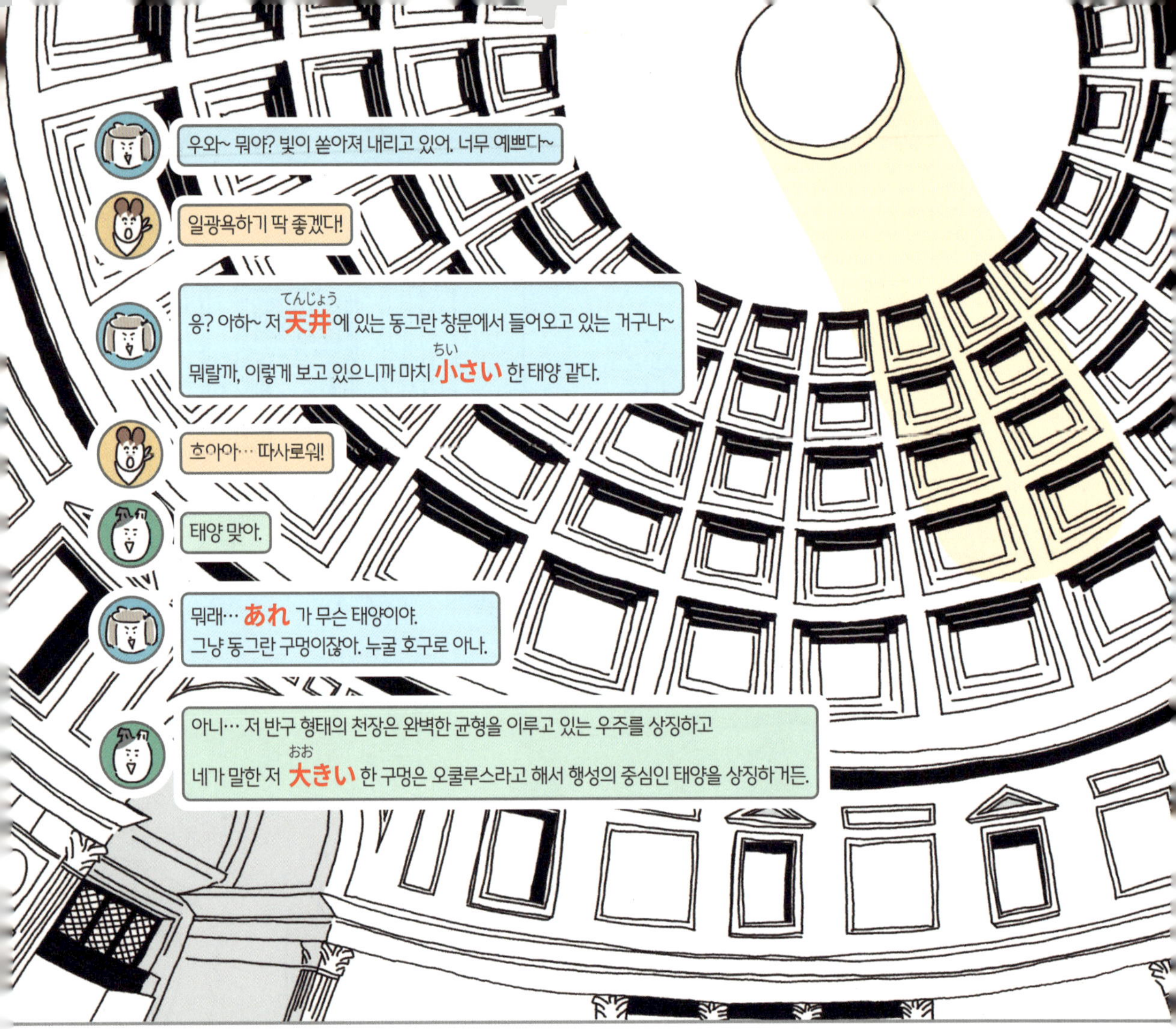

우와~ 뭐야? 빛이 쏟아져 내리고 있어. 너무 예쁘다~

일광욕하기 딱 좋겠다!

응? 아하~ 저 **天井**〔てんじょう〕에 있는 동그란 창문에서 들어오고 있는 거구나~
뭐랄까, 이렇게 보고 있으니까 마치 **小さい**〔ちい〕한 태양 같다.

호아아… 따사로워!

태양 맞아.

뭐래… **あれ** 가 무슨 태양이야.
그냥 동그란 구멍이잖아. 누굴 호구로 아나.

아니… 저 반구 형태의 천장은 완벽한 균형을 이루고 있는 우주를 상징하고
네가 말한 저 **大きい**〔おお〕한 구멍은 오쿨루스라고 해서 행성의 중심인 태양을 상징하거든.

어떻게 보면 지금 우리가 있는
이 **空間**〔くうかん〕은 또 하나의
우주라고도 할 수 있지.

호오~ **なるほど**.
그럼 우리 지금
우주 속에 있는 거네?

뭔가 기분이
묘한데⁉

후후, 그리고 옛날 이곳에는
이런 공간에 어울리는 신들의
**彫刻品**〔ちょうこくひん〕들이 있었다고 해.

---

**天井** てんじょう : 천장　　　　**小さい** ちいさい : 작은　　　　**あれ** : 저것　　　　**大きい** おおきい : 큰

**空間** くうかん : 공간　　　　**なるほど**。 : 그렇구나 (과연).　　　　**彫刻品** ちょうこくひん : 조각품

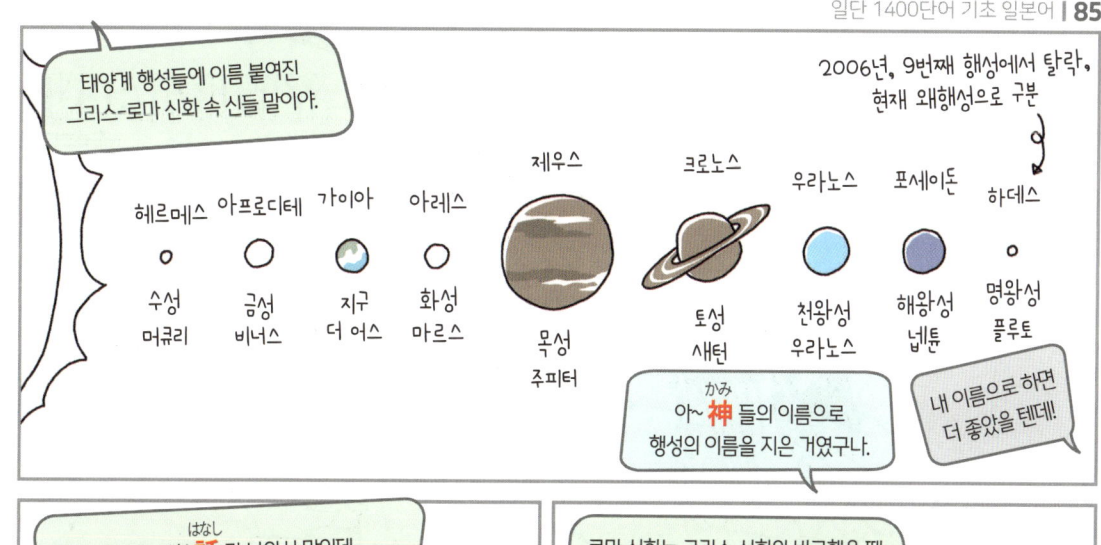

| 神 かみ : 신 | 話 はなし : 이야기 | 良く よく : 잘 | 同様に どうように : 동일하게 |
|---|---|---|---|
| 聞く きく : (소리를) 듣다 | 違う ちがう : 다른 | 山 やま : 산 | |

太陽 たいよう : 태양　　　火 ひ : 불　　　空 そら : 하늘　　　戦争 せんそう : 전쟁

月 つき : 달      結婚 けっこん : 결혼      土 つち : 땅      海 うみ : 바다

酒 さけ : 술      耳 みみ : 귀

판테온은 **最初は** 이러한 신들을
기리기 위한 목적으로 지어졌지만
시간이 흘러 가톨릭 성당으로 변모하면서

동로마 황제가
교황에게 넘겨주었지.

기존에 있던 로마의 신을 상징하는
모든 것들이 철저하게 훼손되었어.

유일신을 **信じる** 하는 가톨릭 입장에서
그들은 미신이랑 다를 바 없었으니까.

응? 쟤네
뭐 하는 거야?

저기 **壁** 를 따라 일정한 간격으로
움푹 파여 있는 공간들 보이지?

저 **中に** 에는 현재 가톨릭 성자들의 모습을 형상화한 조각품들이 있지만
**過去** 에는 유피테르, 베누스, 마르스와 같은 주신들의 조각품이 있었을 거라고 해.

before

after

그뿐만이 아니라…

모든 신을 기리는 장소이니만큼
그 외에도 수많은 신의 조각품
또한 있었을 거라고 하는데…
지금은 그 웅장한 모습을
볼 수 없다는 게
**あまりに** 아쉬울 따름이지.

절레절레

---

**最初は** さいしょは : 처음에는　　　**信じる** しんじる : 믿다　　　**壁** かべ : 벽　　　**中に** なかに : 안으로

**過去** かこ : 과거　　　**あまりに** : 너무

르네상스 시대 이래로 이곳은 로마의 주요 인물들을 위한 무덤으로도 사용되었어.

그 시대를 대표하는 <sup>てんさい</sup>**天才** 화가 라파엘로의 무덤도 이곳에 있지.

짜잔! 바로 여기야.

그는 생전에 이 신전을 <sup>せかい</sup>**世界** 에서 가장 아름답고 완벽한 건물이라고 칭했어.

그래서 자신이 언젠가 죽게 되면 이곳에 묻히길 간절히 <sup>のぞ</sup>**望む** 했는데, 그 소원은 더할 나위 없는 형태로 이루어졌지.

(잠시 묵념)

하, 완벽해. 죽어서도 저기에 가고 싶다.

그리고, 이곳은 현재까지도 가톨릭 성당으로 사용되고 있어서 일요일이 되면 <sup>じっさい</sup>**実際に** 미사가 열리기도 하고

주요 종교행사나 <sup>けっこんしき</sup>**結婚式** 와 같은 기념행사가 행해지기도 해.

---

**天才** てんさい : 천재　　　**世界** せかい : 세계　　　**望む** のぞむ : 바라다　　　**実際に** じっさいに : 실제로

**結婚式** けっこんしき : 결혼식

---

**結婚する** けっこんする : 결혼하다    **独りで** ひとりで : 혼자서    **盛り上がる** もりあがる : 고조되다    **雨** あめ : 비

**科学** かがく : 과학

二人 ふたり : 두 사람   　　外に そとに : 밖에   　　昼ご飯 ひるごはん : 점심 식사   　　薬 くすり : 약

이건… 굳이 말 안 해도 알지?

당연하지~ 콜로세움이잖아.

원형으로 만들어진 극장이자 경기장으로, 당시 유행하던 **演劇**(えんげき) 를 관람할 수 있는 장소였을 뿐만 아니라 검투사와 맹수들의 혈투로 언제나 피비린내가 진동하던 곳이었지.

떡 하나 주면 안 잡아먹지~!

**毎日**(まいにち) 사람들의 발길이 끊이지 않는 핫한 장소였다고!

알겠니, 동생아?

??? 안 물어봤는데?

뭐, 지금은 보다시피 **元の**(もと) 형체 중 3분의 1밖에 남아있지 않아. 먼 옛날에 보였을 **素晴らしい**(すば) 한 모습은 온데간데없지만,

올~ 역시 잘 알고 있네.

---

**演劇** えんげき : 연극    **毎日** まいにち : 매일    **元の** もとの : 원래의    **素晴らしい** すばらしい : 경이로운

당시엔 로마를 상징하는 최고, 최대의 건축물이기도 했지.

사실, 원형경기장은 여기 외에도 이탈리아 곳곳에 존재하고 있어. 하지만 그것들의 대부분은 도시 외곽 지역에 있는 것과 **違って**<sup>ちが</sup> 콜로세움은 특이하게도 이렇게, 시내 한복판에 있지.

궁금했지, 아기야?

안 궁금했는데?

그 이유는..

원래 이 자리에 있던 네로 황제의 황금 궁전을

베스파시아누스 황제가 허물어 버리고 그 위에다가 콜로세움을 **建てる**<sup>た</sup> 했기 때문이야.

지나갑니다, 가요~

네로 황제 집권 시절, 이 지역은 로마 시민들의 주거지가 모여 있는 도시였는데, 어느 날 큰 화재가 **起こる**<sup>お</sup> 해서 도시의 3분의 2 규모가 모두 잿더미로 변하고 말았어.

이후, 네로 황제는..

시민들의 주거지역을 되살리기는커녕 땅을 모조리 몰수했고!

---

**違って** ちがって : 다르게　　　**建てる** たてる : 건설하다　　　**起こる** おこる : 발생하다

金 으로 도배된 초호화 건축물인 황금 궁전을 지어
자신 개인의 소유물로 삼아버렸지.
그것도 시민들에게서 쥐어짜 낸 税金 으로 말이야.

이를 위해 네로가 일부러 방화를
行う 했다는 설도 있어.

다 태워버리고
내 땅으로! 하하!!

네로의 이런 強圧的な 한 정책은
결국 로마 전역에 폭동을 유발하기에 이르렀고,

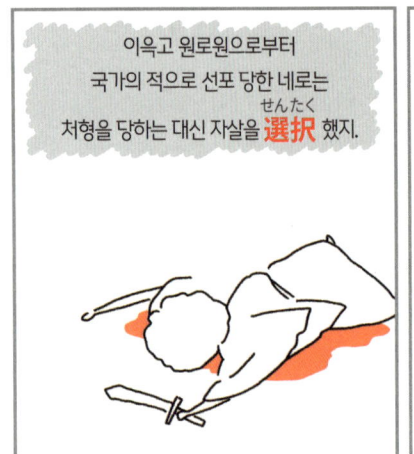

이윽고 원로원으로부터
국가의 적으로 선포 당한 네로는
처형을 당하는 대신 자살을 選択 했지.

그 후, 軍人 이었던
베스파시아누스라는 인물이
새로운 황제로 추대되었는데

서기 72년,
그는 황금 궁전을 허물고
공공시설물인 콜로세움을
건설하기 시작함으로써,

꾸욱!

아얏.

폭군 네로가 시민들로부터
빼앗다시피 한 땅을!

으헉!

시민들에게 다시
返す 해준 거야!

으앗!

---

金 きん : 금     税金 ぜいきん : 세금     行う おこなう : 행동을 취하다     強圧的な きょうあつてきな : 강압적인

選択 せんたく : 선택     軍人 ぐんじん : 군인     返す かえす : 돌려주다

---

**こっちの台詞だ。** こっちのせりふだ。: 내가 할 말이다.

**よく分かる** よくわかる : 잘 알다

**徹夜** てつや : 철야

**説明する** せつめいする : 설명하다

**賭ける** かける : (돈을) 걸다

**欲しい** ほしい : 탐나다, 바라다

간단해. 서로 번갈아 가며 퀴즈를 내는 거야.
각자 총 3문제씩, 문제당 1점, 상대방보다
多[おお]い한 점수를 획득하는 사람 승. 콜?

오케이! 이거 갑자기 승부욕이
も
활활 燃[も]える 하는데?
아, 그런데 승부는 どんな 방식으로?

뚜둑 뚜둑

LOSE  WIN

2 : 3

쭉~쭉

응?

후훗! 그거 아주
재미있겠는데? 콜!

나도!
나도 할래!

원투
원투!

안돼~ 이건 우리끼리 자존심을 걸고
きょうそう
競争 하는 거란 말이야~

으앙, 싫어!
나도 할 거얘!

끄응.. 어쩔 수 없네.
대신 넌 깍두기니까
문제 맞히기만 하는 거다?

응응!!

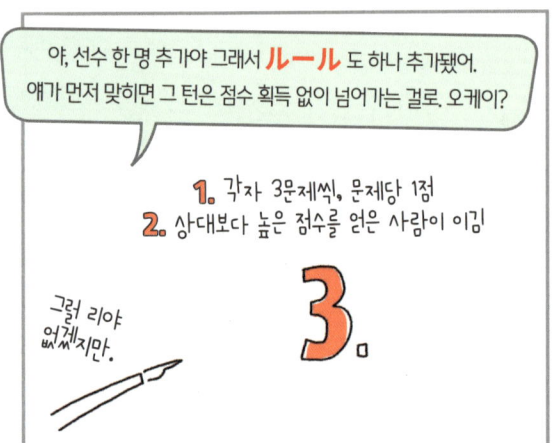

야, 선수 한 명 추가야 그래서 ルール 도 하나 추가됐어.
얘가 먼저 맞히면 그 턴은 점수 획득 없이 넘어가는 걸로, 오케이?

1. 각자 3문제씩, 문제당 1점
2. 상대보다 높은 점수를 얻은 사람이 이김

3.

그럼 리야
없게지만.

오호홍호오호홍홍호호홍! 이 녀석들,
こうふん
오늘 나를 제대로 興奮 시키는데?
오케이! 더더욱 재미있어졌네! 다 덤벼!!

아니 쟤는 고작
퀴즈 가지고
왜 저러는 거야...!

---

**燃える** もえる : 불타다          **どんな** : 어떤          **多い** おおい : 많다          **競争** きょうそう : 경쟁

**ルール** : 룰, 규칙          **興奮** こうふん : 흥분

---

**体育館** たいいくかん : 체육관    **鉛筆** えんぴつ : 연필    **先に** さきに : 먼저, 앞서    **お先にどうぞ。** おさきにどうぞ。 : 먼저 하세요.

**息子** むすこ : 아들    **祭り** まつり : 축제    **色色な** いろいろな : 다양한

당시 축제 프로그램에는 우리가 알고 있는 검투사 대결이나 動物(どうぶつ) 사냥 말고도

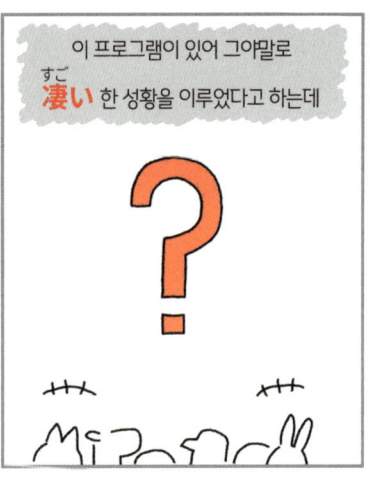

이 프로그램이 있어 그야말로 凄い(すご) 한 성황을 이루었다고 하는데

?

-자!-여기서-문제야! 내가 말한 프로그램의 이름과 그 내용은 뭘까?

正確に(せいかく) 하게 답해야 해!

횟! 너무 易しい(やさ) 한 문제 아냐?

정답!

뾱!

호오~ 엄청 素早い(すばや) 한데?

나우마키애!

설마 맞히겠, 으응!!!?

나우마키아는 콜로세움 내부에서 치러진 모의 해상 전투야!
수로를 통해 끌어온 沢山の(たくさん) 한 물을
콜로세움 지하에서부터 가득 채워 넣고
그 위에 배를 띄워서 결투를 벌인 거지!

와아아

---

動物 どうぶつ : 동물    凄い すごい : 엄청난    正確に せいかくに : 정확하게    易しい やさしい : 쉬운

素早い すばやい : 빠른    沢山の たくさんの : 많은

어떤 방법으로 경기장 안에 **いっぱいの** 한 물을 새어 나가지 않게 막을 수 있었는지,
어떻게 군함을 경기장 안으로 들여올 수 있었는지 등은 **未だに** 베일에 감춰져 있지만

어쨌든! 이 모의 해전은 원래
전쟁 승리를 **記念する** 하던 행사였는데

나중에는 범죄자와 노예들을
배에 태워서

그들 **皆** 가 죽을 때까지
행사를 진행하는 것으로 변질하였어!

맞지?

정답!!
아~주 정확했어!
퍼펙트!

헷, 문제의 **レベル** 가
너무 낮았어!

짝!

후후, 이-패배자-녀석!
넌 선취점을 얻을 **機会** 를
훗! 하고 거만 떨다가
퓽~ 하고 날려버린 거야!

.........

...훗!

까딱
까딱

크읏, 분하다...
설마 저 땅꼬마 녀석이
알고 있을 줄이야..!

후우~
진정하자...
이번에 엄청 **難しい** 한
문제를 내서 못 맞히게 하면 돼!

뭐해?
네 차례야.

---

**いっぱいの** : 가득 찬    **未だに** いまだに : 아직껏, 아직도    **記念する** きねんする : 기념하다    **皆** みんな : 모두

**レベル** : 수준, 레벨    **機会** きかい : 기회    **難しい** むずかしい : 어려운

빠릿!

좋았어…
문제 낼게!

드루와!
드루와!

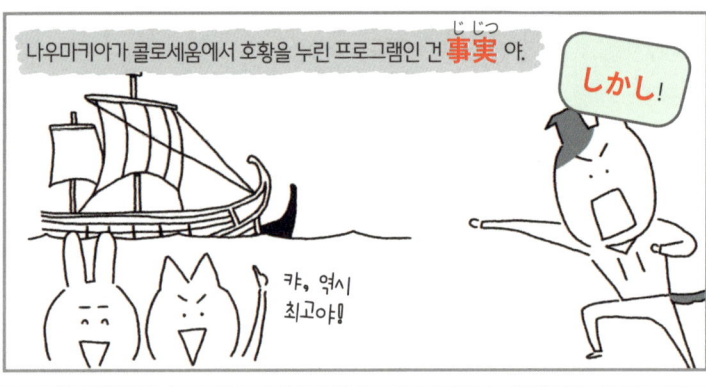

나우마키아가 콜로세움에서 호황을 누린 프로그램인 건 **事実**<sup>じじつ</sup> 야.

しかし!

캬, 역시
최고야!

뭐니 뭐니 해도 콜로세움의 하이라이트는 검투사들의 결투였지.
검투사들의 신분은 대부분 전쟁포로 출신의 노예였어.

죄인도
있었지.

이들은 피비린내 나는 투기장에서
**生残**<sup>いきのこ</sup>る 하기 위해 눈앞에 있는 상대와
그야말로 필사적으로 **戦**<sup>たたか</sup>う 했을 거야.

그러나, 결투란 건 어찌 됐든
승자와 패자가 갈리게 되어 있는 법!

결투에서 승리한 승자는 노예 신분에서 벗어나 **自由**<sup>じゆう</sup> 의 몸이
될 수 있었지만, 패자는 황제에 의해 그 즉시 **生**<sup>せい</sup> 와 **死**<sup>し</sup> 가 정해졌어.

WIN    LOSE

흠, 이놈을
어떻게 할까나~?
살려? 죽여?

---

**事実** じじつ : 사실          **しかし** : 그러나          **生残る** いきのこる : 살아남다          **戦う** たたかう : 싸우다

**自由** じゆう : 자유          **生** せい : 생          **死** し : 죽음

황제가 엄지손가락을 치켜세우면 **生きる** 하고, 밑으로 내리면 꼼짝없이 죽는 것이었는데
여기서 웃긴 건 황제의 판결이 **大衆** 가 요구하는 대로 정해졌다는 점이야.

대중들은 패자가 **勇敢に** 하게 싸웠다는 생각이 들면
엄지손가락을 치켜세우며 미테(살려 줘라)! 미테(살려 줘라) 라고 외쳤고,

패자가 비겁하게 굴었다고 생각되면 엄지를 아래로 향하며
이우굴라(죽여라)! 이우굴라(죽여라)! 라고 **叫ぶ** 했어.

때문에, 황제는 결투에서 진 검투사가
**個人的に** 로 마음에 들어 살리고 싶어도

대중들이 **殺す** 하기를 요구하면 어쩔 수 없이 죽음을 선고해야만 했지.

**生きる** いきる : 살다          **大衆** たいしゅう : 대중          **勇敢に** ゆうかんに : 용감하게          **叫ぶ** さけぶ : 외치다

**個人的に** こじんてきに : 개인적으로          **殺す** ころす : 죽이다

行動 こうどう : 행동　　もっと大きい もっとおおきい : 더 큰　　低い ひくい : 낮은　　仕事 しごと : 직업

名誉 めいよ : 명예　　そのうえ : 게다가

---

**会う** あう : 만나다 　　　**作る** つくる : 만들다 　　　**汚い** きたない : 더러운 　　　**香水** こうすい : 향수

**よっしゃ!** : 앗싸! 　　　**容易に** よういに : 쉽게 　　　**驚いた** おどろいた : 깜짝 놀란

음… 그러고 보니 옛날에 역사 공부할 때 제가 **時時**(ときどき) 기웃거리곤 했는데… 설마 그 잠깐 사이에 배웠던 건가?

헐, 설마 했던 천재냐…

**それで**, 이제 어쩔 거야? 이러다간 승부가 안 나겠어!

그렇지…? 뭐, 아쉽지만 퀴즈대결은 없던 걸로

응? 형아 공부하네.

오옷, 땅으로 향수를?!

쟤가 다 맞혀 버릴 것 같아…

**내가 내줄게!!**

**잉? 네가?**

응! 대신 **今回に**(こんかいに) 에 맞히는 사람이 최종 승자인 걸로!

깔끔하지?

단판 승부라… 오케이! 난 좋아!!

나도 콜!! 바로 시작해!

**네!!** 그럼 문제 드리겠습니다!!

또 나왔다…

콜로세움에 대하여 좀 더 **深く**(ふか) 하게 알아보면, 콜로세움은 단순히 **ゲーム** 를 위한 시설이 아니었다는 사실을 알 수 있습니다.

이를테면 동물 사냥 같은 경우. 자국에선 볼 수 없는 **外国の**(がいこく) 의 희귀한 동물들을 경기장에 풀어 검투사들에게 사냥시키고,

뭐야, 이 동물은?!

---

**時時**ときどき : 때때로　　**それで** : 그래서　　**今回に**こんかいに : 이번에　　**深く**ふかく : 깊게

**ゲーム** : 놀이, 게임　　**外国の**がいくの : 외국의

이를 통해 로마 제국이 정복한 도시들을 시민들에게 환기함으로써
황제의 力 를 과시하려는 목적도 있었죠
즉, 콜로세움이란 오락을 통해 황제와 시민들 간의 정치적
コミュニケーション 이 이루어지는 무대이기도 했던 것입니다.

캬, 역시 황제 폐하가 최고예요!

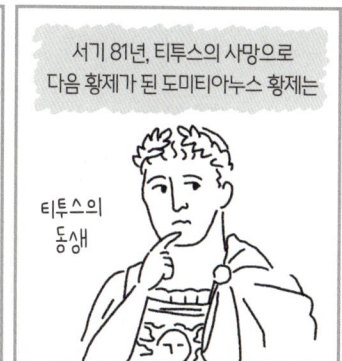

서기 81년, 티투스의 사망으로
다음 황제가 된 도미티아누스 황제는

티투스의 동생

이를 잘 理解する 하고 있었기에 콜로세움을
보다 화려한 공간으로 꾸미기에 앞장섭니다.
3층까지 지어져 있던 콜로세움을 4층까지
증축하여 完全に 하게 건설하는가 하면,

콜로세움 지하에 히포지움이라는 검투사들과 맹수들의 대기 공간을 설치하여
경기가 始まる 하면 승강장치를 통해 그들을 차례차례 경기장으로 올려보냄으로써
전에 없던 극적이고 박진감 넘치는 ショー 를 연출하기도 하고,

드디어 시작합니다!
검투사 입장!

야간 경기를 주최하여 昼 와는
180도 다른 분위기를 즐길 수 있도록 하는 등,
기존에는 없던 新しい 한 무대 연출을 시도해
시민들에게 크나큰 재미를 선사하였는데요.

역시 낮보다 밤이 재밌어.

| | | |
|---|---|---|
| 力 ちから : 힘 | コミュニケーション : 의사소통 | 理解する りかいする : 이해하다 | 完全に かんぜんに : 완전히 |
| 始まる はじまる : 시작하다 | ショー : 쇼 | 昼 ひる : 낮 | 新しい あたらしい : 새로운 |

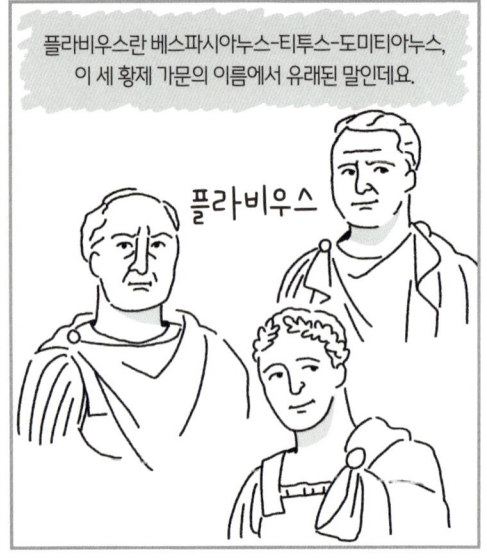

---

**劇場** げきじょう : 극장　　　**まったく** : 전체적으로 완전히　　　**変な** へんな : 이상한　　　**選ぶ** えらぶ : 선택하다

뻑! 정답! 4번!

뻑! 정답! 2번!

너 무슨 강백호가 농구 관두고 テニス 하는 소릴 하고 앉았어. 당연히 2번이지.

?

너야말로 뭔 서태웅이 バスケット 랑 バレーボール 투잡 뛰는 소릴 하고 있어. 4번인데,

?

응? 우리가?

스페셜 출연

야, 라틴어에서 유래됐다는 건 어디까지나 가설일 뿐이거든?

맞지 동생아?

그건 그렇지.  그것도 그래.

얼씨구, 그렇게 따지면 네 답도 마찬가지거든? 明らかに（あき）하게 밝혀진 건 아니잖아?

맞지 아기야?

---

川 かわ : 강　　　サッカー : 축구　　　テニス : 테니스　　　バスケット : 농구

バレーボール : 배구　　　明らかに あきらかに : 분명하게

뭐라는 거야!
**現在**(げんざい) 는 동상에서 따왔다는 게 기정사실인데!

이의 있음!

누가 그랬는데! 어디 **具体的な**(ぐたいてき) 한 자료라도 있어? 가져와 봐!

아, 아니. 그런 건 없지마는…

거 봐! 그냥 네가 틀렸다는 걸 **受け入れる**(うい) 하기 싫어서 지어낸 거잖아!

아아! 그만 됐어! 문제 낸 사람한테 **聞く**(きく) 해보면 끝날 일이잖아!!

그래, 이놈아! 물어보자, 어디!!!

흠칫!

야! 2번, 4번 중에 **どっち** 가 정답이야?

어, 어?

히끗

너, 너희 **両方**(りょうほう) 다 정답이야… 난 둘 다 맞는 말이라고 생각해서 같이 낸 거였거든…

히끗

2 4
○ ○

뭐야~ 그런 거였어?

어, 어? 야 너야말로 왜 갑자기 **泣く**(な) 하고 그래~

근데… 왜 잘 놀다가 갑자기 **喧嘩**(けんか) 는 하고 난리야~

아이고...
우리가 서로 옥박질러서 무서웠나 봐. 어떡하지…?

그만 싸우고 어서 **仲直りする**(なかなお) 해~

흐, 후에에에에~

---

**現在** げんざい : 현재　　　**具体的な** ぐたいてきな : 구체적인　　　**受け入れる** うけいれる : 받아들이다　　　**聞く** きく : 묻다

**どっち** : 어느, 어떤(어느 것)　　　**両方** りょうほう : 둘 다　　　**喧嘩** けんか : 싸움　　　**泣く** なく : 울다

**仲直りする** なかなおりする : 화해하다

言い争う いいあらそう : 말을 다툼하다    愛しい いとしい : 사랑스러운    抱きしめる だきしめる : 껴안다

キスする : 키스하다    音楽 おんがく : 음악

---

**踊り** おどり : 춤          **クラブ** : 클럽          **カップル** : 커플          **気が狂った** きがくるった : 미친

---

特別な とくべつな : 특별한  
最近に さいきんに : 최근에  
想像する そうぞうする : 상상하다  
創造的な そうぞうてきな : 창조적인  
昨日 きのう : 어제

---

**年取った** としとった : 늦은  **事故** じこ : 사고  **同僚** どうりょう : 동료  **すでに** : 이미

**深刻な** しんこくな : 심각한  **肯定的な** こうていてきな : 긍정적인  **否定的な** ひていてきな : 부정적인  **憎む** にくむ : 미워하다

지난 몇십 년 동안 얼마나 괴로웠길래 이제 와서 나를 傷つける 했겠나. 그렇게 생각하니 도리어 그자가 불쌍해져서 말이야…

그냥, 아무 말 없이 許す 해주기로 마음먹었다네.

이야, 정말 멋지신데요? 誰 도 쉽게 못 할 일을 행동으로 옮기신 거잖아요!

성인군자가 어디 있나 했더니 바로 요!! 기!! 있었네요~? 하하하.

친구 먹었냐?

예끼, 이 사람아! 노인을 놀리면 쓰나~ 껄껄껄.

그나저나… 내가 좀 驚く 해서 말이야…

자네!!

네? 저요?

저들의 춤을 얕잡아보는 것 같던데… 자네야말로 머릿속에 정신이 正しく 하게 박혀 있는 게야?

아, 아니… 제가 보기엔 그냥 춤에 대해 1도 모르는 애들이 까불면서 놀고 있는 것 같길래…

---

**傷つける** きずつける : 다치게 하다　　**許す** ゆるす : 용서하다　　**誰** だれ : 누구　　**驚く** おどろく : 놀라다

**正しく** ただしく : 옳게

에잉, 쯔쯧…
이 **愚かな** 한 사람아.
두 눈은 도대체 왜 달고 다니나?

이런 **素敵な** 한 광경을
눈앞에 두고도
그딴 말이나 지저귀다니…

후… 이래서 사람은
배워야 하는 걸세.

도리도리

빠직

왠지 기분 나쁜데.

흠… 내 비록 바쁜 몸이긴 하나,
잠시 짬을 내어 저들의 춤이 왜 굉장한 건지
알려주도록 하겠네.

뭐, 강의료는 **請求する**
하지 않을 테니
안심하고 듣게나.

껄껄껄

네…네에?

나 참, 요새 **若い** 한 놈들에겐
도무지 농담이 안 통하는구먼.

이게 말로만 듣던
세.대.차.이?

…에흠!
먼저, 저 여자의 춤을
한번 자세히 보시게.
그녀에게서 무언가
연상되지 않는가?

---

**愚かな** おろかな : 어리석은    **素敵な** すてきな : 아주 멋진    **請求する** せいきゅうする : 청구하다    **若い** わかい : 젊은

---

| | | | |
|---|---|---|---|
| **操縦** そうじゅう : 조종 | **雲** くも : 구름 | **壊す** こわす : 부수다 | **無い** ない : 없다 |
| **メモ** : 메모 | **姉妹** しまい : 여자 형제 | | |

**権威的な** けんいてき 한 성격을 가진 언니는 어려서부터 사사건건 그녀에게 명령했을 거야.

얘, 나 이제 잘 거니까 내 방으로 와서 불 좀 **消す** け 해! 빨리 안 왜?

초딩

엄마가 나보고 집 **掃除する** そうじ 하라고 했는데 귀찮으니까 네가 해! 빨리 안 해!?

고딩

이거 어제 산 물건인데 마음에 안 드니까 네가 가서 **払い戻す** はらもど 해 왜! 빨리 안 개?

직딩

그래서 저 여자는 언니에게서 벗어나 **自由に** じゆう 하게 살고 싶다고 생각하며 자랐을 것이고, 쌓이다 못해 넘쳐버린 그 마음이 지금 춤으로 나타나고 있는 게지.

대, 대단하시네요! 춤을 통해 그 사람의 인생까지 **推測する** すいそく 하실 수 있는 건가요!?

헛소리 같은데…

---

**権威的な** けんいてきな : 권위적인    **消す** けす : 끄다    **掃除する** そうじする : 청소하다    **払い戻す** はらいもどす : 환불하다

**自由に** じゆうに : 자유롭게    **推測する** すいそくする : 추측하다

이쯤이야, 뭘 나만큼 けいれき 経歴 를 쌓으면 자네도 자연스레 할 수 있게 될 걸세.

저, 정말인가요~!?

멍~

자네! 한눈팔지 말고 이번엔 저 남자를 한번 보시게나. 그에게선 무엇이 연상되는가?

서, 성가셔~

음… 박람회에서 자신 있게 선보인 모 벤처기업의 로봇이 그날따라 **エラー** 를 일으켜 삐꺼덕거리는

삐릿, 삐리릿!

옳지! 이번엔 바로 보았네! 그는 마치 로봇, 즉! き かい **機械** 와도 같은 정밀한 움직임을 보여주고 있잖나!

껄껄껄

그것이 밑바탕에 깔려있기 때문에 **パートナー** 의 저런 불규칙한 움직임에도 모두 대응할 수 있는 거라네!

우와아아아아!

홋, 저런 움직임을 몸에 새기기 위해 れんしゅう 그가 얼마나 춤을 **練習** 했을지 눈에 아주 선하구먼.

혼자서 북 치고 장구 치고 앉아있네…

---

**経歴** けいれき : 경력          **エラー** : 오류          **機械** きかい : 기계          **パートナー** : 파트너

**練習** れんしゅう : 연습

요청 **要請** ようせい : 요청　　キノコ **キノコ** : 버섯　　絵 **絵** え : 그림　　幸運な **幸運な** こううんな : 운 좋은

幸運 **幸運** こううん : 행운　　同意する **同意する** どういする : 동의하다

댄서는 무슨, 저 사람 원래 전봇대 수리하는 技術者<sup>ぎじゅつしゃ</sup> 인데
생활고에 시달리다 못해 결국 도둑질하려고 남의 집 屋根<sup>やね</sup> 위에 올라가다가

어휴, 또 길 가는 사람 아무나
捕まえる<sup>つか</sup> 하고서 말도 안 되는
헛소리를 늘어놓으셨나 보네요.

고양이 울음소리에 깜짝 놀라
밑으로 落ちる<sup>お</sup> 해서 입원하신 분이에요.

그때 다리랑 같이 머리도 다쳤는지
지금은 정신이 좀 오락가락하는
患者<sup>かんじゃ</sup> 니까…

한 귀로 듣고
흘려버리세요.

자네들! 뭐 하고 있는 게야!
보고만 있지 말고 나 좀
助ける<sup>たす</sup> 해주시게!

휙!! 휙!!

어, 어이!
無視する<sup>むし</sup> 하는 게야?

---

捕まえる つかまえる : 잡다 　　　技術者 ぎじゅつしゃ : 기술자 　　　屋根 やね : 지붕 　　　落ちる おちる : 떨어지다

患者 かんじゃ : 환자 　　　助ける たすける : 돕다 　　　無視する むしする : 무시하다

---

**気が狂った** きがくるった : 미친     **ノート** : 공책     **病院** びょういん : 병원     **何か** なにか : 무언가

그리고 작년에 돌연 나타났다 훌쩍 사라져버린 그들을 추억하며
누가 먼저랄 것 없이, 사교댄스 **町** 공연을 시작하였다.

...라!?

이 문화는 **年** 를 거듭할수록 콜로세움 앞에서뿐만 아니라 로마에 존재하는
각 **遺跡地** 로 퍼져나가 어느 순간 대회마저 열리게 되었고,

그 후로 약 이백 년 가까이 이어진 유서 **深い** 한 대회는
세계에서 촉망받는 우수한 댄서들을 무수히 배출해 내었으며

제76회 세계 프리댄스 경연 대회 개최

이 **全て** 의 시초가 된 이름도 알 수 없는 그들은 전설 속에 남아,
대회가 사라지는 그날까지 무수한 찬사를 받는
영광을 **得る** 하게 되었다나 뭐라나. 끝.

...진짜냐...

---

**町** まち : 거리, 동네          **年** とし : 해          **遺跡地** いせきち : 유적지          **深い** ふかい : 깊은

**全て** すべて : 모든 것(전부)          **得る** える : 얻다

夕方 ゆうがた : 저녁    十分に じゅうぶんに : 충분히    疲れた つかれた : 피곤한

喉が渇いた。のどがかわいた。: 목이 마르다.    カフェ : 카페

음, 아! 마침 저기 있네.
저기 가서 마시자.

ㅇㅋㅇㅋ!
ㄱㄱ!

카페 **エスプレッソ**
카페 도피오
카페 **アメリカーノ**
카페 룽고

**カフェラテ**
**カプチーノ**

카페 마키아토

카페 프레도
카페 마로키노
콘파나

네~

음… 너 먼저
주문해.

오케이~
저는요~

---

**エスプレッソ** : 에스프레소　　**アメリカーノ** : 아메리카노　　**カフェラテ** : 카페 라테　　**カプチーノ** : 카푸치노

카푸치노에 샷 하나만 추가해주시고요.
모카 **シロップ** 세 번, 헤이즐넛 네 번
**ホイッピングクリーム** 세 바퀴 얹고
**シナモンパウダー** 많이 뿌려주세요.

호호호
카페 도피오
두 잔 주세요.

어험! 그러니까
카푸치노,
커헉!

커헉!

퍼억!

네?…
잘 못 들었습니다?

흣, 아르바이트
초짜인가 보네.
귀엽긴.

내가 깜빡 잊고 말을 안 했네.
여기선 가향 시럽이 들어가는 커피는 취급하지 않아.
네가 좋아하는 **バニララテ** 나 **カフェモカ**,
캐러멜 마키아토 같은 것들 말이야.

그리고, **そのように** 네 기호에 맞게
주문하려면 저기 스타벅X 같은
프렌차이즈 카페에나 가야 한다고.

STARBUCKX COFFEE

뭐, 애초에 이탈리아에는
프렌차이즈 카페가
**ほとんど** 없긴 하지만.

근데 네가 주문한 도피오?
그건 뭐야?

아, 그냐 몰랐네?
진작
말을 해주지.

클럭!

켈록!

쓰음, 갈비뼈
나간 거 아냐..?

에스프레소 **ダブルショット** 야.
에스프레소에 샷 하나 추가한 거지.

예!? 난 카푸치노
먹고 싶었는데요!

---

**シロップ** : 시럽      **ホイッピングクリーム** : 휘핑크림      **シナモンパウダー** : 시나몬 파우더      **バニララテ** : 바닐라 라테

**カフェモカ** : 카페 모카      **そのように** : 그렇게      **ほとんど** : 거의      **ダブルショット** : 더블 샷

이탈리아에서는 점심 이후에
카푸치노나 카페라테처럼
ぎゅうにゅう
牛乳 가 들어간 커피는 마시지 않아.

おも
主に 오전에만 먹기 때문에
이런 로컬 카페인 경우,
ごご
午後 부터는
판매하지 않는 경우가 허다해.

아, 그래?

우리는 오후부터
우유가 들어간 커피는
판매하지 않습니다.

뭐, 주문이 아예 불가능한 곳만 있는 건 아닌데
단지 점심시간 이후로 시키면
아, 이 사람은 이탈리아 현지인이 아니구나.
하는 인상을 준다고 해.

흠흠, 그렇구나.

그리고, 이탈리아는
에스프레소의 발상지인 만큼
그 맛에 있어서 다른 나라들과
ちが
현격한 違い 가 있어.

그래서 이번 기회에 안 먹어 보면
そんがい
너만 損害 니까
내가 친히 추천해주는 거야.

그냥 눈 딱! 감고
한 번만 마셔봐~

…쩝, 뭐 그렇게까지
말한다면야.
오케이! 먹어보겠어!

도전!!

참고로 이탈리아에선 카페=에스프레소라서
에스프레소를 주문할 때
いっぱんてき
一般的に 카페라고 하니까 알아두렴~

카페=에스프레소

어어

여기
영수증 받으세요.

네~

자, 이제 あちら 에
있는 바(bar)로 가자

---

| | | | |
|---|---|---|---|
| 牛乳 ぎゅうにゅう : 우유 | 主に おもに : 주로 | 午後 ごご : 오후 | 違い ちがい : 차이 |
| 損害 そんがい : 손해 | 一般的に いっぱんてきに : 일반적으로 | あちら : 저쪽 | |

---

**取る** とる : 들다, 쥐다    **領収書** りょうしゅうしょ : 영수증    **バー** : 막대    **通常** つうじょう : 통상, 보통

**場合** ばあい : 경우    **休む** やすむ : 쉬다

---

**香り** かおり : 향기 　　**熱い** あつい : 뜨거운 　　**短い** みじかい : 짧은 　　**温度** おんど : 온도

**秒** びょう : 초 　　**急いで** いそいで : 서둘러서 　　**砂糖** さとう : 설탕 　　**何回** なんかい : 몇 회

그리고 마지막에는 에스프레소 잔 底<sup>そこ</sup>에
가라앉아있는 설탕으로 입가심을 하는 거지.

으음~
딜리셔스!

물론 사람마다 입맛이 다르니까
넌 네가 好む<sup>この</sup> 하는 대로 마시면 돼.

난 이렇게 마시는 게
제일 좋더라~

음… 좋아.
그럼 난 설탕을 한 개만
넣어서 먹어볼까.

사르르

홀짝

어흑! 야, 난 역시 이거 못 먹겠다.
네가 그냥 내 것도 마셔…

어머, 이거 미안해서 어째…
내가 괜히 너한테
에스프레소를 勧める<sup>すす</sup> 해서…

사르르    사르르

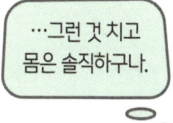

…그런 것 치고
몸은 솔직하구나.

아냐, 괜찮아 이번 기회에
確かに<sup>たし</sup> 하게 알았으니까!

뭐!?

호로록

내가 에스프레소를 먹는 일은
죽을 때까지도 絶対<sup>ぜったい</sup> 없을 것이란 것을!

후하하!

으음~
노 맛!

그런 걸 왜
빼기면서
말하는 거지?

---

底 そこ : 바닥 (물체의)　　　好む このむ : 선호하다　　　勧める すすめる : 추천하다　　　確かに たしかに : 확실하게

絶対 ぜったい : 절대

---

응? 오, 저거 **タクシー** 아나?
야야, 우리 저거 타고 가자!
내가 가서 잡을게!

りょうきん
로마 택시 **料金** 엄청 비싼데
너가 낼 거예요?
감당할 자신 있어요?

윽! 아, 아뇨.
죄송해요...!

그리고 말이야.
あぶ
더 **危ない** 한 건 까딱 잘못하다간
바가지 물 수도 있다는 거야.

がいこくじん
우리가 **外国人** 인
이상 더욱더 말이야.
그러니까 안! 돼! 알겠어?

아니. 저희 오분도
안 탔는데요?!

아, 알았어...
걸어가면 되잖아.

그보다 택시 탈 필요도 없어.
이제 거의 다 왔으니까.

うそ
**嘘をつく** 하지 마!
아까부터 그 소리만 백 번째거든!?
귀에 딱지 앉았거든!!?

빠직!

응갸아악아악~!
아니, 진짜로 숙소엔 언제쯤 도착하는 건데~!!
난 빨리 **ベッド** 에 누워서
뒹굴뒹굴하면서 쉬고 싶단 말이야~!

벌러덩

이, 이번엔 진짜로 다 왔어~
はし
이 **橋** 만 건너면 금방이란 말이야.

또 시작이네,
이거...

...진짜로?

진짜 진짜.
맹세할게.

---

**タクシー** : 택시　　　**料金** りょうきん : 요금　　　**危ない** あぶない : 위험한　　　**外国人** がいこくじん : 외국인

**嘘をつく** うそをつく : 거짓말하다　　**ベッド** : 침대　　　**橋** はし : 다리

**かばん** : 가방    **加える**くわえる : 더하다    **いつも** : 항상

注意して ちゅういして : 조심스럽게     軽い かるい : 가벼운     大きい おおきい : 큰     重い おもい : 무거운

# 04 달력 읽기

## 2023 年  6 月
にせんにじゅうさん　ねん　　ろく　がつ

| 월요일<br>月曜日<br>げつようび | 화요일<br>火曜日<br>かようび | 수요일<br>水曜日<br>すいようび | 목요일<br>木曜日<br>もくようび | 금요일<br>金曜日<br>きんようび | 토요일<br>土曜日<br>どようび | 일요일<br>日曜日<br>にちようび |
|---|---|---|---|---|---|---|
| | | | 1<br>초하루<br>ついたち<br>一日 | 2<br>ふつか<br>二日 | 3<br>みっか<br>三日 | 4<br>よっか<br>四日 |
| 5<br>いつか<br>五日 | 6<br>むいか<br>六日 | 7<br>なのか<br>七日 | 8<br>ようか<br>八日 | 9<br>ここのか<br>九日 | 10<br>とおか<br>十日 | 11<br>じゅう<br>いちにち<br>十一日 |
| 12<br>じゅう<br>ににち<br>十二日 | 13<br>じゅう<br>さんにち<br>十三日 | 14<br>じゅう<br>よっか<br>十四日 | 15<br>じゅう<br>ごにち<br>十五日 | 16<br>じゅう<br>ろくにち<br>十六日 | 17<br>じゅう<br>しちにち<br>十七日 | 18<br>じゅう<br>はちにち<br>十八日 |
| 19<br>じゅう<br>くにち<br>十九日 | 20<br>스무날<br>はつか<br>二十日 | 21<br>にじゅう<br>いちにち<br>二十一日 | 22<br>にじゅう<br>ににち<br>二十二日 | 23<br>にじゅう<br>さんにち<br>二十三日 | 24<br>にじゅう<br>よっか<br>二十四日 | 25<br>にじゅう<br>ごにち<br>二十五日 |
| 26<br>にじゅう<br>ろくにち<br>二十六日 | 27<br>にじゅう<br>しちにち<br>二十七日 | 28<br>にじゅう<br>はちにち<br>二十八日 | 29<br>にじゅう<br>くにち<br>二十九日 | 30<br>さんじゅう<br>にち<br>三十日 | | |

민트 는 보통의 숫자와 다릅니다. 2일부터 10일까지는 서수로 읽고, 나머지는 모두 기수로 읽습니다.
1일과 20일은 기수도 서수도 아닌 특수 표현이므로 주의해야 합니다.
4는 'よ' 또는 'し' 이지만 날짜에서는 모두 'よっか'로 고정되고,
9는 'きゅう' 또는 'く' 이지만 날짜에서는 모두 'くにち'로 고정됩니다.

# 05 12가지 주요 단위

| 番 방 | 枚 마이 |
|---|---|
|  |  |
| 순서·등급·횟수 등 | 종이·손수건·셔츠·접시 등 |
| 一番 이치방 　첫 번 | 一枚 이치마이 　한 장 |
| 二番 니방 　두 번 | 二枚 니마이 　두 장 |
| 三番 삼방 　세 번 | 三枚 삼마이 　세 장 |

| 本 홍 | 冊 사츠 |
|---|---|
|  |  |
| 연필·바나나·병 등 | 책·노트·사전 등 |
| 一本 입퐁 　한 자루 | 一冊 잇사츠 　한 권 |
| 二本 니홍 　두 자루 | 二冊 니사츠 　두 권 |
| 三本 산봉 　세 자루 | 三冊 산사츠 　세 권 |

| 台 다이 | 杯 하이 |
|---|---|
|  |  |
| 탈 것·전자제품 등 | 용기에 든 마실 것 |
| 一台 이치다이 　한 대 | 一杯 입파이 　한 잔 |
| 二台 니다이 　두 대 | 二杯 니하이 　두 잔 |
| 三台 산다이 　세 대 | 三杯 산바이 　세 잔 |

| 匹 히키 | 階 카이 |
|---|---|
|  | |
| 동물·곤충 | 건물의 층 |
| 一匹 입피키 　한 마리 | 一階 익카이 　1층 |
| 二匹 니히키 　두 마리 | 二階 니카이 　2층 |
| 三匹 산비키 　세 마리 | 三階 상가이 　3층 |

| 回 카이 | 歳 사이 |
|---|---|
|  |  |
| 횟수 | 나이 |
| 一回 익카이 　1회 | 一歳 잇사이 　한 살 |
| 二回 니카이 　2회 | 二歳 니사이 　두 살 |
| 三回 상카이 　3회 | 三歳 산사이 　세 살 |

| 人 닝 | 時間 지캉 |
|---|---|
|  |  |
| 사람 | 시간 |
| 一人 히토리 　한 명 | 一時間 이치지캉 　한 시간 |
| 二人 후타리 　두 명 | 二時間 니지캉 　두 시간 |
| 三人 산닝 　세 명 | 三時間 산지캉 　세 시간 |

'一' 는 뒤에 오는 글자의 발음에 따라 읽는 방법이 다양합니다.
사람 '人' 의 수를 셀 때, 한 명은 '一人', 두 명은 '二人' 라고 읽는 것이 대부분입니다.
세 명 이상부터는 기수를 사용하는데, 세 명은 '三人' 산닝 , 네 명은 '四人' 요닝 이라고 합니다.

4장

만남을 소중히

안에 엄청 넓은 **プール**도 있으니까
이따가 우리 수영하자.

저~기 앞에 보여?
저기가 오늘 우리가 묵을
**ホテル**야.

뭐래… 지금 시간이 몇 시인지 알기나 해?
11 **時**되기 5분 전이야.

뭐? 왜 시간이 벌써!

어휴, 이게 다 네가
**遅く** 하게 걸어서
그런 거야!

헉! 이럴 때가 아니야!
**チェックイン** 마감 시간까지
얼마 안 남았어, 뛰자!

또 뛰어야 해?
미치겠네, 정말!

퍽!! 퍽!

휘요요용

**ホテル** : 호텔 　　　　**プール** : 수영장 　　　　**時**じ : 시 　　　　**遅く**おそく : 느리게

**チェックイン** : 체크인

으음…?
여긴 어디지.

부시시

어? 정문 앞에 웬 할아버지가 서 있는데?

헤엑
헤엑

그 왜 있잖아. 손님 오면 문 あ **開ける** 해주는 사람 아냐?

하아
하아

아하, **ドアマン**!

허억
허억

빙고~! 가 아니라, 이제 퀴즈는 신물 나거든? 어서 뛰기나 해!

후우
후우

ようこそ. 귀여운 손님들~
참으로 멋진 밤이죠?

헐헐헐

**こんばんは**. 할아버지!
정말 멋진 밤이네요!

저리-비켜!

할아버지,
저희 체크인해야 하거든요?
**フロントデスク** 어디 있어요!?

퍽!

---

**開ける** あける : 열다          **ドアマン** : 도어맨          **ようこそ。** : 어서 오세요.          **こんばんは。** : 안녕하세요[저녁].

**フロントデスク** : 프런트데스크

이런, 이런 꼬마 아가씨.
아무리 **彼氏**가 좋기로서니
그렇게 막 대하면 안 되는 거예요~

그런 사이 아니거든요!?
그보다 빨리 알려주세요! 급해요!

아주아주 오래전, 그러니까 제가 코흘리개 **少年**이었을 무렵.
저희 옆집에 아주아주 귀여운 **隣人**이 살고 있었는데 말이에요.

동갑내기 여자애였는데,
저는 그 **少女**를 좋아했어요.

하지만 그 소녀는 저만 보면 항상 괴롭히곤 했어요.
오리 궁둥이라고 놀리며
제 엉덩이를 발로 **蹴る**하기도 했죠.

전 그런 소녀가
점점 싫어지고 말았죠.

그러던 **ある日**, 제가 먼 곳으로 이사를 하게 되었는데 말이에요.
이삿짐을 실은 차가 **道路**로 들어선 바로 그때.
소녀가 맨발로 뛰어나와 눈물 섞인 목소리로 외치더군요.

잠깐만!

---

**彼氏** かれし : 남자 친구        **少年** しょうねん : 소년        **隣人** りんじん : 이웃        **少女** しょうじょ : 소녀

**蹴る** ける : 차다        **ある日** あるひ : 어느 날        **道路** どうろ : 길(도로)

미안해!

다 네가 좋아서 그랬던 거야!
용서해줘! 내가 미워서
여기를 **去る**하는 거라면
제발 그러지 마!

소녀가 아니라 아버지의 일 때문에
거처를 **移す**했던 것이었지만,
어쨌든 저는 소녀의 그 외침에
모든 것을 용서하기로 했죠.

하지만 소녀의 모습은 이미 저 멀리 있어
전 백미러를 통해 그저 **眺める**할 수밖에 없었고,

우린 서로에게 미묘한 감정을 남긴 채로
**別れる**하게 되었는데 말이에요.

아니야... 가지 마...
내가 잘못했어...

제가 하고 싶은 말은...
사랑하는 마음을
비뚤게 표현하지 말고
**真実に**로
표현해야 한다는 것이에요.

그런 사이 아니라니까요?
할아버지가 **話す**하기 시작하자마자
호텔로 들어갔어요.

나중에 후회하고 싶지 않다면 말이에요.
응? 그런데 당신의 **彼女**는 어디로 간 거죠?

워낙 급한 상황이기도 했지만,
원래 걔가 그렇게까지
**辛抱強い**한 성격도 아니라서요.

하하핫

---

**去る** さる : 떠나다 　　　**移す** うつす : 옮기다 　　　**眺める** ながめる : 바라보다 　　　**別れる** わかれる : 헤어지다

**真実に** しんじつに : 진실로 　　　**彼女** かのじょ : 여자 친구 　　　**話す** はなす : 말하다, 발언하다 　　　**辛抱強い** しんぼうづよい : 인내심 있는

헐헐헐

그러고 보니 체크인 마감 시간에 쫓겨
**気短な**한 모습이었죠.

시간을 뺏어서
미안하네요.

아니에요. 재미있었는데요, 뭐~
그럼 저도 이만 들어가 볼게요.
좋은 얘기 감사합니다~

으쌰!

아, 짐은 방까지
**運ぶ**해 드릴게요.
이리 주세요.

아니에요,
제가 들고 갈게요~
할아버지는 일 보셔야죠!

그보다도, 소녀와는 **その後**
어떻게 됐어요?
혹시 다시 만나게 되었나요?

헐헐헐

다시 만났을 뿐만 아니라
이렇게, 오래전 이미
**結婚した**한
상태인데 말이죠~

아~ 어쩐지~ 그럴 것 같았어요.
아까 이야기하실 때 굉장히
**倖せ**한 표정이었거든요.

ㅎㅎ

아이고, 이제는 정말 들어가 봐야겠어요.
**次回に**에 또 얘기해요~

뿅!

---

**気短な** きみじかな : 성급한, 안달하는     **運ぶ** はこぶ : 나르다     **その後** そのあと : 그 후에

**結婚した** けっこんした : 결혼을 한     **倖せ** しあわせ : 행복한     **次回に** じかいに : 다음번에

그러니까 그걸 어떻게 좀 해달라고욧!

옥신각신

응? 야, 무슨 일인데 분위기가 이리 험악해.

마침 잘 왔네. 아니, 우리 마감 시간에 고작 2 分밖에 안 늦었거든?
ふん

근데 지금 追加料金을 내야 한다잖아!
つい か りょうきん

뭐? とんでもない!

+ 요금

아니, 물론 조금이라도 遅い한 우리 잘못이긴 해도 이건… 저기, 좀 봐주시면 안 돼요…?
おそ

죄송합니다만… 会社, 아니 호텔의 방침이라 저로서도 어쩔 수가 없어요…
かいしゃ

삐질 삐질

그러면 여기 총괄하는 管理者 분 좀 불러주세요! 직접 담판을 짓고 말 테니까!
かん り しゃ

야, 야. 너무 그렇게 몰아붙이지 마… 곤란해하시잖아… 그 근유 좀 집어넣고…

저, 저기… 그게…

덜덜덜

후… 그냥 돈 내자. 어차피 우리 誤り잖아.
あやま

---

**分** ふん : 분　　**追加料金** ついかりょうきん : 추가요금　　**とんでもない**。: 터무니없다.　　**遅い** おそい : 늦은

**会社** かいしゃ : 회사　　**管理者** かんりしゃ : 관리자　　**誤り** あやまり : 잘못

---

稼ぐ かせぐ : 돈을 벌다    上司 じょうし : 상사    指示 しじ : 지시    もっと高い もっとたかい : 더 높은

眼鏡 めがね : 안경    帽子 ぼうし : 모자

그 빛나는 머리!

부담스러운 이글아이!

어떤가, 이래도 이들의 편의를 봐주지 않을 셈인가?

**いいえ!** 바로 시정하겠습니다!

음, 그리고 말일세... 알겠나?

넵! 충성!

당신은 うたが **疑う**할 필요 없는 샤, 사장님!!

크윽!

속닥속닥

그냥 내 소소한 しゅみ **趣味**일 뿐이에요. 직원들이 일을 잘해줘서 할 일도 별로 없고, ひま 그러다 보니 최근 **暇な**한 일상이 이어져서 말이죠.

헐, 사장님이셨어요? 근데 왜 도어맨을?

헉, 이게 바로 말로만 듣던 언더커버 보스!?

헐헐헐

그렇구나~

그런데 이렇게 보니 おだ 아까의 **穏やかな**한 인상과는 완전히 정반대네요. 완전 카리스마 넘쳐요!

그런가요.-헐헐헐! 아무튼 **トラブル**가 해결되었으니 전 이만 물러가도록 할게요.

모쪼록... 편안히 쉬다 가세요.

씨익

---

**疑う** うたがう : 의심하다　　　**いいえ。** : 아니요.　　　**趣味** しゅみ : 취미　　　**暇な** ひまな : 한가한 (자유로운)

**穏やかな** おだやかな : 온화한　　　**トラブル** : 문제(trouble)

네, 할아버지!
정말 **感謝する**해요!
かんしゃ

편안한 밤
보내십시오! 사장님!

아, 자네!

혹시 내일부터 **秘書**로서
ひしょ
나를 보좌해볼 생각 없나?

네?!

이틀 전, 그러니까 **一昨日**
おととい
갑자기 전임자가 그만두어서 말이야.

어디 쓸만한 사람 없나 했더니 마침
적성에 **ちょうど** 맞는 인재를 만난 것 같아서 말일세.
자네처럼 똑 부러진 사람은 근래 들어 찾아보기가 힘들거든.

**突然の** 한 제안이긴 하지만 자네에게 나쁜 얘기는 아닐 걸세.
とつぜん

비서로 일하게 되면 지금보다
최소 **二倍の**의 연봉을 받을 수 있을 테니 말이야.
に ばい

내일까지 말미를 줄 터이니
**賢明に** 하게 판단하길 바라네.
けんめい
그럼 진짜 물러가겠네.

이야~ 잘됐네요!
이런 기회는 절대로
**有り触れた** 한 게
あ ふ
아닐 텐데!

정말 **おめでとうございます!**

가, 감사합니다.
아니, 하지만, 이거 정말…
얼떨떨하네요.

그렇게 많은 연봉은 **普通**
ふ つう
몇 년 후에나 받을 수 있을 텐데.
그런 걸 지금의 제가 덥석 받아도 될지…

---

| | | | |
|---|---|---|---|
| **感謝する** かんしゃする : 감사하다 | **秘書** ひしょ : 비서 | **一昨日** おととい : 그저께 | **ちょうど** : 딱 |
| **突然の** とつぜんの : 급작스러운 | **二倍の** にばいの : 두배의 | **賢明に** けんめいに : 현명하게 | |
| **おめでとうございます!** 축하합니다! | **普通** ふつう : 보통 | **有り触れた** ありふれた : 흔한 | |

물론이죠~
잡으세요. 이번 기회를 **逃す**<sup>のが</sup>하면 반드시 후회하실 거예요!

손해 볼 것도 없고, 금전적으로나 경험적으로나 당신에게 무조건 **利益**<sup>りえき</sup>가 되는 일이니까요!

그, 그렇죠. 네! 덕분에 확신이 생겼어요! **アドバイス**해주셔서 감사합니다.

흥, 그거 알죠?

저의 진상짓이 결과적으로 당신에게 도움이 되었다는 사실.

**ルームナンバー**는 486호입니다.

저쪽에 있는 엘리베이터를 타고 **上に**<sup>うえ</sup>로 올라가신 다음 내리자마자 오른쪽으로 가시면 됩니다.

그리고 체크아웃 시간은 내일 오전 11시까지이오니 이번엔 꼭! 유의해주세요.

무시하네!?

저희 **朝ご飯**<sup>あさ はん</sup>은 언제 먹을 수 있어요?

아침 6시부터 10시까지 가능합니다.

그럼 내일 시간 맞춰서 **モーニングコール** 부탁드릴게요. 7시로요.

네, 확인했습니다. **どうぞ** 편안한 밤 보내십시오.

씨익

---

**逃す** のがす : 놓치다　　**利益** りえき : 이익　　**アドバイス** : 조언　　**ルームナンバー** : 방번호

**上に** うえに : 위로　　**朝ご飯** あさごはん : 아침 식사　　**モーニングコール** : 모닝콜　　**どうぞ** : 아무쪼록, 부디

여기는 요즘도 鍵<sup>かぎ</sup>를 쓰네?
신기하다.

응? 잠깐,
근데 왜 하나밖에 없지?

설마… 우리 같은
部屋<sup>へや</sup>에서 묵는 거야!?

뭘 그렇게
놀라고 그래?

너 설마 내가
女<sup>おんな</sup>로 보여?

아니? 그럴 일은
죽었다 깨어나도 없지.

좀 열 받네? 나도 너
男<sup>おとこ</sup>로 전혀 안 보이거든!

그럼 됐지? 돈도 아끼고
아무 문제 없잖아.

그렇긴 하네?

그리고 **ツインベッド**가 있는 방으로
예약했으니까 문제 될 건 더더욱 없어.

문제가 없긴! 한 방으로도 모자라
큰 침대 하나에서 같이 자자는 거잖아?

트윈 침대는 **シングルベッド**가 2개 있다는 걸 말하는 거야…

참고로 **ダブルベッド**는 싱글 침대보다
가로 면적이 조금 더 넓은 걸 말하는 거고

아하, 그렇구나.
덕분에 또 하나
배웠네~ 쌩유!

싱글베드
= 1인용 침대

더블베드
= 2인용 침대

알면 됐어.
아, **エレベーター**왔다.

---

**鍵** かぎ : 열쇠　　　　**部屋** へや : 방　　　　**女** おんな : 여자　　　　**男** おとこ : 남자

**ツインベッド** : 트윈 침대　　　**シングルベッド** : 싱글 침대　　　**ダブルベッド** : 더블 침대　　　**エレベーター** : 엘리베이터

그거 알아? 내가 이렇게 4층 **ボタン**을 꾸욱 하고 눌러 놔서 지금 4층으로 가고 있는 것 같지만 사실 우린 5층으로 가고 있는 거야.

그게 뭐…

유럽의 대부분 국가는 건물의 **一階**(いっかい)를 0층으로 표기해.

그래서 0층 버튼=1층… 4층 버튼=5층이 되는 거야. **地下**(ちか)는 음수 (-) 를 붙여서 -1, -2 이런 식이지.

어… 그럼 1층이 0층이니까 1층의 바로 **下層**(かそう)는 -1층인 거고, 1층의 바로 **上層**(じょうそう)는 2층이 아니라 1층인 거네?

그래서 우리 방은 486호지만 사실 4층이 아니라 5층인 거네?

아니지? 야, 3층 아냐? 아니지? 가만있어 봐. **指**(ゆび)로 세어봐야겠다. 보자~ 4층은 4층인데…

… 그러고 보니 넌 옛날부터 이런 **数字**(すうじ)계산에 서툴렀지, 참…

1 2 3 ✗ 절레절레

여기구나. 어서 들어가서 푹 쉬자.

---

**ボタン** : 버튼 | **一階** いっかい : 1층 | **地下** ちか : 지하 | **下層** かそう : 아래층

**上層** じょうそう : 위층 | **指** ゆび : 손가락 | **数字** すうじ : 숫자

어우, 너무 **暗い**한데? 앞이 잘 안 보여.
야, 빨리 불 좀 **付ける**해 봐.

잠깐만, **スイッチ**가 안 보여 어딨지?

철컥

콰앙!

아이, 깜짝이야! 왜 갑자기 문은 **閉じる** 하고 그래! 더 안 보이잖아!

내, 내가 닫은 거 아냐. 지가 저절로 닫혔어.

애! 찾았다. 근데 이 구멍 두 개는 뭐지?
스위치가 아니라 콘센트인가?

내 **鼻**구멍이거든.
얼른 손 치워라···

흠칫!

미안. 아!
여기 있었네.
불 켠다!

와, 방 아늑하니 좋다～

暗い くらい : 어두운 　　　 付ける つける : (불을) 켜다 　　　 スイッチ : 스위치 　　　 閉じる とじる : 닫다

鼻 はな : 코

아, 참!

靴 くつ : 신발　　　間違い まちがい : 실수　　　下に したに : 아래로　　　判断する はんだんする : 판단하다

심지어 그걸 끝으로 남은 방 개수 **ゼロ** 하다못해 **エキストラベッド**라도 가져다 달라고 했더니 그것도 지금은 없다네. 그래서 그냥 이 방 쓰기로 했어... 괜찮겠어?

<sup>かま</sup>
난 **構わない**. 어차피 오늘 하루만 묵을 건데. 뭐~

그보다 말이야... 뭔가 싸한 느낌 들지 않아? 누군가가 아까부터 <sup>みつ</sup> 계속 우릴 **見詰める**하고 있는 것 같단 말이지.

야, 야아... 그런 얘기하지 마. 나 그런 거 <sup>こわ</sup> **怖がる**하는 거 알잖아...

응? 방금 무슨 <sup>おと</sup> **音**들리지 않았어?

뚝뚝뚝

무언가를 <sup>たた</sup> **叩く**하는 듯한 소리였는데.

뚝뚝뚝

아, 하지 말라니까? 진짜 화낸다?

...엄마가 섬 그늘에~ 굴~ 따러 가면~ ♪

!? 봐! 이, 이번엔 확실히 들렸지!?

으, 으응... 뭔가 서글픈 <sup>うた</sup> **歌**소리였어...

♪ ...아이는 혼자 남아~ ♪

---

**ゼロ** : 0개　　　**エキストラベッド** : 간이침대　　　**構わない**。かまわない。: 상관없어.　　　**見詰める** みつめる : 응시하다

**怖がる** こわがる : 무서워하는　　　**音** おと : 소리　　　**叩く** たたく : 두드리다　　　**歌** うた : 노래

살랑

**窓**밖에서 들려오는 것 같은데… 하지만 여긴 4층, 아니 5층이라고!!

꺄, 꺄~~~!!

무슨 일이얘!!

저, 저기…! **カーテン** 사이로 순간 누군가의 실루엣이 보였어!

**ちっぽけな**한 형상이었어… 마치 네 동생처럼.

아닌가? 뭔가 구부정하니 걔보다는 **もっと小さい** 했던 것 같아.

그렇군. 아까부터 느껴졌던 시선의 범인이 바로 저 녀석이었구나.

넌 혹시 모르니까 저기에 있는 **机** 밑으로 들어가서 숨어있어! 내가 쫓아낼게!

흐엉… 힘내…

어떤 녀석인지는 모르겠지만 감히 내가 **好きな** 하는 친구한테 겁을 줘?

튀!!

어디… 그 낯짝이나 한번 보자!

촥!!

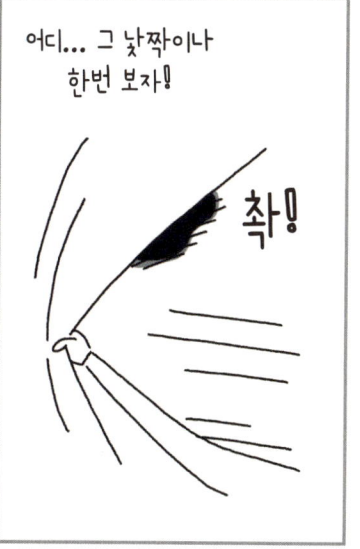

---

**窓** まど : 창문          **カーテン** : 커튼          **ちっぽけな** : 아주 작은          **もっと小さい** もっとちいさい : 더 작은

**机** つくえ : 책상          **好きな** すきな : 좋아하는

寂しい さびしい : 외로운

---

**横丁** よこちょう : 골목길　　**猫** ねこ : 고양이　　**不幸に** ふこうに : 불행하게　　**腹が減った。** はらがへった。 : 배가 고프다.

**犬** いぬ : 개　　**救う** すくう : 구하다

오늘 **朝に**에도 다 잡은 기니피그를 너 때문에 놓쳤다냥!

넌 내 아침으로...

**昼に**에는 비둘기 사냥에 실패한 날 보고 비웃고 갔지냥!

**夕方に**에는 철창에 가둬놨던 이구아나를 내가 화장실 간 사이 몰래 빼돌렸다냥!

내 저녁!!

그리고 이 야심한 밤에도 날 방해하고 있다냥! 날 굶겨 죽일 셈이냥! 너 때문에 비쩍 **痩せた**한 거 안 보이냥!!

내가 너에게 누누이 **警告する**했을 것이다멍!

불필요한 살생은 그만두고 너의 주인이 주는 캣푸드나 먹으라고 말이다멍!

먹어보고 말해라냥! 그런 이유식 같은 거야말로 나한테 **要らない**한 것이다냥!

으우... 안 해줘도 되는데...

맛있던데멍? 내가 이렇게 뒤룩뒤룩하게 **太った**한 것도 모두 네놈이 남긴 캣푸드 덕분이다멍.

왜 자꾸 사라지나 했더니 네놈 짓이었냥! 내가 몰래 먹으려고 얼마나 찾았는데,

핫!

---

**朝に** あさに : 아침에　　**昼に** ひるに : 낮에　　**夕方に** ゆうがたに : 저녁에　　**痩せた** やせた : 마른

**警告する** けいこくする : 경고하다　　**要らない** いらない : 필요 없는　　**太った** ふとった : 살찐

狭い せまい : 좁은　　　有利 ゆうり : 유리한 점　　　煙 けむり : 연기

좋아,
おおどお
**大通り**로
빠져나왔다멍!

여기서 내가
놈을 막고 있을 테니
넌 이대로
쭉 달려가라멍!

헤헤. 헤헤.

가다 보면 한눈에 봐도 알만큼 거대하고
잎사귀가 무성한 **木**가 서 있다멍!

그 바로 밑을 자세히 보면
かく
지하로 통하는 **隠れた**한
통로가 있을 것이다멍!

그 통로는 아무에게도 알려지지 않은
ひ みつ
우리 조직의 **秘密**기지로 연결되어 있다멍!
그리고 기지에는 우리 조직의 정예 **メンバー**들이
현재 출동대기를 하고 있을 것이다멍!

ごうりゅう
그들과 **合流する**하여
몸을 숨겨라멍!

---

**大通り** おおどおり : 큰길     **木** き : 나무     **隠れた** かくれた : 숨겨진     **秘密** ひみつ : 비밀

**メンバー** : 구성원     **合流する** ごうりゅうする : 합류하다

그들이 널 **安全(あんぜん)に** 하게 보호해줄 것이다멍!

형님은요? 형님도 같이 가요!

아니, 난 오늘 이 자리에서 저 녀석과 끝장을 볼 것이다멍! 넌 **構(かま)う**하지 말고 어서 도망가라멍! 방해만 된다멍!

아니, 그럴 수 없어요! 도망쳐도 같이! 싸워도 같이 싸울 거예요!

···저 녀석도 원래는 우리 조직이었다멍···

조직 내 기숙사에서 저 녀석과 난 같은 방을 쓰는 **ルームメート**였지멍. 우린 각자 역할을 분담하여 지냈어멍.

그날 입었던 옷가지들을 내가 **洗濯(せんたく)する**하면,

그날 먹은 상차림은 저 녀석이 **皿(さら)を洗(あら)う**하는 식으로 말이야멍.

솔로몬도 울고 갈 아주 공정한 방침이었지멍.

우린 서로가 가진 물건들도 **共有(きょうゆう)する** 스스럼없이 했어멍.

후훗, 난 녀석의 옷을 자주 빌려 입기도 했지멍.

---

**安全に** あんぜんに : 안전하게    **構う** かまう : 상관하다    **ルームメート** : 룸메이트    **洗濯する** せんたくする : 빨래하다

**皿を洗う** さらをあらう : 설거지하다    **共有する** きょうゆうする : 공유하다

그렇지만, 무슨 일이 있어도 서로의 **私的な** 한 일에는 절대로 침범하지 않았지멍.
때론 **鍵をかける**하고 각자의 방에서 자기만의 시간을 가질 수 있도록 말이야멍.

그렇게 우린 세상에 둘도 없는
영혼의 **相棒**가 되어갔어멍.

또, 우리 같은 **チーム**로 활동하면서
이 도시의 평화를 지키느라 애썼지멍.

추적추적 **雨の** 날에도,

쌩쌩 **風**가
부는 날에도 말이야멍.

그러던 어느 날, 녀석은
아무런 말도 없이
자취를 감춰버렸어멍!

?!

그리고 며칠 뒤, 길거리에서 마주쳤을 때
이미 저 녀석은 다른 고양이가 되어있었어멍.

냐아아아아아아악!

왜, 왜 그래!
나야, 친구!

---

**私的な** してきな : 사적인　　**鍵をかける** かぎをかける : 문을 잠그다　　**相棒** あいぼう : 짝, 동료　　**チーム** : 팀

**雨の** あめの : 비가 오는　　**風** ふう : 바람

원래는 남에게 말도 못 붙일 정도로 **恥ずかしがる**하는 성격이었는데,
이제는 남에게 할 말 못 할 말 다 해버리는 **無礼な**한 녀석으로 말이야멍.

어, 어, 아니다냥.
먼저 먹고 있어라냥.

오늘이 네
제삿날이다냥!

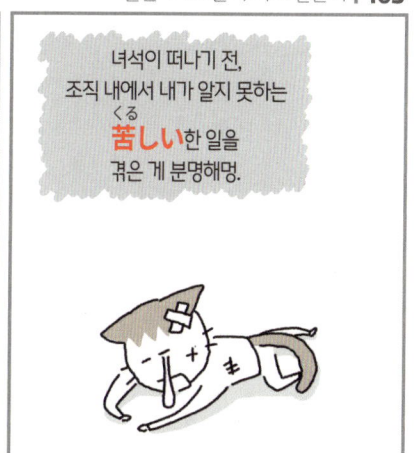

녀석이 떠나기 전,
조직 내에서 내가 알지 못하는
**苦しい**한 일을
겪은 게 분명해멍.

…큿, 제일 가까이 있던
내가 녀석의 **苦痛**를
알아차렸어야 했는데…멍!

저 녀석이 변해버린 건
내 책임이나 다름없다멍!
그래서 내가 혼자서 녀석을 막아야해멍!

주륵

흥!

시시껄렁한
얘기는 다 끝났냥!

아닛,
어느새멍!?

네가 주절거리고 있는 사이
난 네놈을 상대할
모든 **準備ができた** 됐다냥!

간다냥!

샤샤샷!

샤샤샷!

---

**恥ずかしがる** はずかしがる : 수줍어하는　　　**無礼な** ぶれいな : 무례한　　　**苦しい** くるしい : 고통스러운　　　**苦痛** くつう : 고통

**準備ができた** じゅんびができた : 준비가 된

강力な きょうりょくな : 힘 센, 강력한　　利己的な りこてきな : 이기적인

**公正な**こうせいな : 공정한　　**個人の**こじんの : 개인의　　**危ない**あぶない : 위태롭게　　**不公平な**ふこうへいな : 불공평한

**安い**やすい : 값싼　　**借りる**かりる : 빌리다

왜 며칠이나 지났는데도 돌려주질 않는 것이냥!
더욱이 한 벌도 아니고 여러 벌을 말이다냥!

난 그것도 모르고 모처럼 찾아온 <ruby>週末<rt>しゅうまつ</rt></ruby>에
여자친구랑 놀기로 약속했다가 입고 갈 옷이 없어 못 나갔다냥!
그걸 계기로 바람피우는 거 아니냐면서 헤어졌다냥!!

우리 헤어져.

자기야! 그게 아니야!
옷이, 옷이 없다냥!

넌 말이다냥… 옷과 함께 내 냥생을
<ruby>盜む<rt>ぬす</rt></ruby>해 간 것이나 다름없다냥!
이 도둑개야냥!

하지만… 난 참았다냥.
이미 지난 일이고 옷쯤이야
내가 직접 찾아가면 되니까냥.

그래서 네가 없는 사이
네 옷장을 뒤져봤는데
이미 내 옷은 내 옷이 아니었다냥!

<ruby>綺麗な<rt>きれい</rt></ruby> 했던 내 옷은
이미 네놈의 부주의로 인해
얼룩덜룩했고,

내 호리호리한 체형에 맞던
**スモールサイズ**의 옷들은

너의 뚱뚱한 체형에 의해
**ミディアムサイズ**로 늘어나 있었다냥!

심지어 이런 일이 매번 반복되자
결국 **ラージサイズ**로까지
늘어나는 바람에 버려버렸다냥!

---

**週末** しゅうまつ : 주말     **盜む** ぬすむ : 훔치다     **綺麗な** きれいな : 깨끗한     **スモールサイズ** : 스몰 사이즈

**ミディアムサイズ** : 미디엄 사이즈     **ラージサイズ** : 라지 사이즈

왜 자기체형에도 안 맞는 **きつい**한 옷을 탐내는지 나로선 이해할 수가 없었다냥!

그만큼의 옷들을 다시 사기 위해 얼마큼의 **費用がかかる**했는지 네가 알기나 하겠냥!

**他の**의 여러 가지 열 받는 일도 많았지만, 너무 많아서 도저히 열거할 수 없다냥!!

아, 그런 거였냥멍. **すみません**. 됐지멍?

으음… 누가 봐도 삐딱선 탈만 했네…

혁, 그걸로 끝? 죄책감이라곤 전혀 없잖아. 이 녀석!

키히이익!! 변명이라도 하면 살려는 주려고 했는데, 역시 안 되겠다냥!!

끄응… 결국 둘 다 똑같은 놈들이었군. 이 틈에 난 **安全な**한 장소로 도망이나 칠까~

샤샤!

멍멍!

퍼벅!

냥냥!

---

**きつい** : 꽉 조이는      **費用がかかる** ひようがかかる : 비용이 들다      **他の** ほかの : 그 밖의      **すみません。** : 미안합니다.

**安全な** あんぜんな : 안전한

… 아니, 아무리 저 개가 말종견이라도 날 구해주기 위해 애쓰고 있는 건 사실이잖아?

저 녀석 혼자선 고양이를 절대로 이기지 못해…
저 고양이는 그만큼 **強い**하니까…
つよ

… 도망치지 마. 용기를 내자.
오늘이야말로 **勇敢な**한 내가 되는 거야!
ゆうかん

한 방에 쓰러뜨리는 건 무리지만, 작은 공격이라도 여러 번 **繰り返す**하다 보면 조금씩 체력을 빼앗을 수 있겠지.
く　かえ

좋아, 개한테 한눈팔고 있는 **지금이야!**

꿀꺽

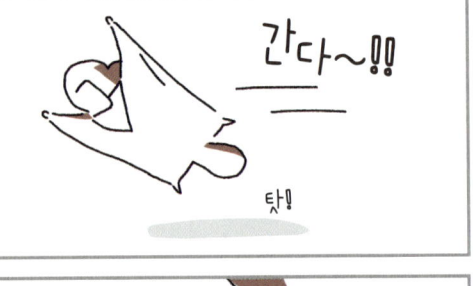

간다~!!

탓!

아이고, 헛디뎠다.

톳
톳
토옥
츄아아아아악―
투쾅!
커헉!

---

**強い** つよい : 강한　　　**勇敢な** ゆうかんな : 용감한　　　**繰り返す** くりかえす : 반복하다

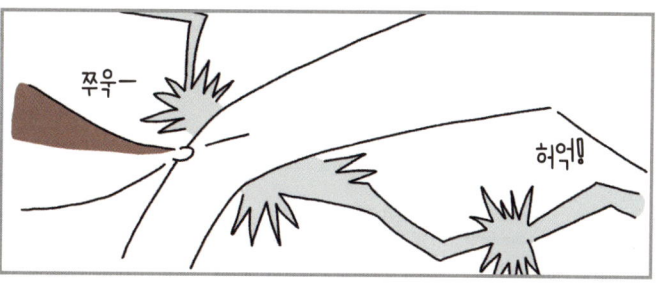

---

**医者** いしゃ : 의사     **押す** おす : 밀다     **調子** ちょうし : 상태     **救急車** きゅうきゅうしゃ : 구급차

**引く** ひく : 당기다

역시 이 녀석들…
이제 보니 더럽게 **弱い**해!

…덜커덕!

덜커덕!

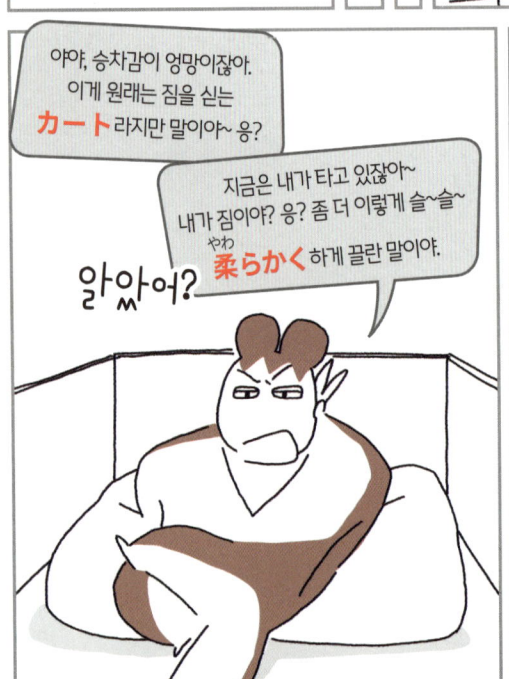

야야, 승차감이 엉망이잖아.
이게 원래는 짐을 싣는
**카트** 라지만 말이야~ 응?

지금은 내가 타고 있잖아~
내가 짐이야? 응? 좀 더 이렇게 슬~슬~
**柔らかく** 하게 끌란 말이야.

알았어?

삐..그덕…

장난하나? 이건 너무 **遅い**하잖아.
호텔 도착하면 해 뜨겠네! 똑바로 안 해!?

삐그..덕….

네, 넵멍!
죄송함다멍! 보스!

네, 시정할게요냥! 보스!

삐걱.

삐걱.

그래그래. 이제 한결 낫네.
아주 **楽な** 한 느낌이야!

응? 그런데 너희 너무
골목길로~들어선~거~아니냐?
호텔이 이쪽 방향인 게
**確実な** 한 거지?
못된 장난치면 국물도 없다?

---

**弱い** よわい : 약한   **카트** : 손수레, 카트   **柔らかく** やわらかく : 부드럽게   **遅い** おそい : 느린

**楽な** らくな : 편한   **確実な** かくじつな : 확실한

그, 그런 것 아님다멍!
이쪽이 ちかみち **近道**라서 온 것뿐입니다멍!
여기로 가는 게 가장 빠릅니다멍!

그러냐. 그보다 너무 그렇게 겁먹지 마라. 안 잡아먹으니까.

응? 고양이 넌 아까부터
왜 그렇게 ふ あん **不安な**한 표정이냐?
자꾸 두리번거리고 말야.

여, 여기는 위험해요냥…
불량배들이 자주 출몰하는 곳이기 때문에
ちゅうい ぶか **注意深い**하게 살피면서 가야해요냥…

뭐, 인마?
그런 건 진작 말했어야,
음…!? 잠깐 세워봐!

…

뭐야, 이 찝찝한 느낌은…?
조용해도 너무 조용한데?

…야! 달려! 빨리!

왜 그러십니까멍?

네? 갑자기 왜요냥?

됐고 일단
しゅっぱつ
**出発する**하라고!

아야야야!
아파멍, 알았어요냥!

찰싹!

찰싹!

덜커덩!

덜커덩!

---

**近道** ちかみち : 지름길 　　**不安な** ふあんな : 불안한 　　**注意深い** ちゅういぶかい : 주의 깊은 　　**出発する** しゅっぱつする : 출발하다

---

**失敗** しっぱい : 실패　　　**指導者** しどうしゃ : 지도자　　　**違法的な** いほうてきな : 불법적인　　　**衝突** しょうとつ : 충돌

**命令する** めいれいする : 명령하다

그뿐이냐!
부하들에게 불법적인 일은 그만두고
**合法的な**<sup>ごうほうてき</sup>한 일을
해야 한다고 회유까지 했어!

이봐, 이번에
봉사활동 큰 건
하나 있는데...

그리고 항상 우리보다 먼저
사냥감과 **接触**<sup>せっしょく</sup>해 몰래 도피시켰지?
잡아먹는 척 우리 눈을 속여가면서!

오늘만 해도 기니피그, 이구아나,
그리고 그 다람쥐까지!
내가 모를 줄 알았냐!

너처럼 **善良な**<sup>ぜんりょう</sup>한 녀석이
도대체 우리 패거리에는
왜 들어왔던 거냐!

우리가 **不良な**<sup>ふりょう</sup>한 삶을
신조로 살아간다는 걸
알고 있었으면서!

두목!
큰일 났습니다!

아지트에 있던
**コンピューター**의 하드디스크가
모두 박살 나 있다는 연락이!

뭐래!? 그럼 안에
저장되어 있던 **データ**들은
어떻게 된 거냐!

거기엔 보이스피싱을 위해
모아놓았던 개인정보
**目録**<sup>もくろく</sup>가 들어있었잖아!

---

| | | | |
|---|---|---|---|
| **合法的な** ごうほうてきな : 합법적인 | **接触** せっしょく : 접촉 | **善良な** ぜんりょうな : 선량한 | **不良な** ふりょうな : 불량한 |
| **コンピューター** : 컴퓨터 | **データ** : 데이터 | **目録** もくろく : 목록 | |

당연히 모두 날아가 버렸습죠!

뭐라고!?

아니, 그래도 괜찮잖아? 서랍 안에 따로 文書(ぶんしょ) 작업해둔 거 있으니깐!

내가 손가락 베여가며 A4용지 한 장~ 한 장~ 일일이 **ファイル**에 꽂아둔 거 말이야!

안 쓰던 머리 써가며 주소, 성별, 나이 별로 **カテゴリ**를 나눠서 정성껏 넣어둔 것 말이야!

그게 말이죠! 一部(いちぶ)만 남기고 대부분 홀라당 불타버렸다고 합니다!

두목이 혹시 몰라 복사기 앞에서 밤새도록 복사해두었던 **コピー** 마저 세절기에 의해 무참히!

뭐라고!? 이거 被害(ひがい)가 너무 막심하잖아! 우리 이제 망한 거 아냐!?

네! 200% 확신합니다!

근데 넌 왜 이렇게 해맑은 거야! 설마 네가 범냥이냐!!

그럴 리가요! 방금 CCTV를 낱낱이 確認する(かくにん) 해본 결과…

CCTV

---

**文書** ぶんしょ : 문서   **ファイル** : 파일   **カテゴリ** : 카테고리   **一部** いちぶ : 일부

**コピー** : 사본   **被害** ひがい : 피해   **確認する** かくにんする : 확인하다

범냥은 저 앞에 있는
녀석이랍니다!

키헤에에엌!

저 자식은 우리한테
무슨 억하심정이 있길래
이딴 짓을 저지른 거야!

多分처음부터
우리를 파멸로 이끌기 위해
잠입했던 것 같습니다!

방금 들어온 情報에 따르면
저 녀석은 예의 그 조직에
몸을 담근 적이 있다더군요!

저 녀석을 지옥으로
導く 해주겠어!

그런 거였구나!
용서 못 해...

---

**多分** たぶん : 아마          **情報** じょうほう : 정보          **導く** みちびく : 인도하다

---

**行け** いけ : 가라        **速い** はやい : 빠른        **状況** じょうきょう : 상황        **ただ一つの** ただひとつの : 단 하나의

아, 그렇지멍! **これ** 받아라멍!

❗ 그건 조직의 멤버임을 상징하는 배지냥...❗❓

분명 처분했는데 네가 어떻게 그걸 아직도냥...?

년 2등 메달처럼 **銀**(ぎん)으로 만들어진 이 배지가 자신을 2등으로 만드는 것 같아서 싫다고 했었지멍.

하지만 그거 아냐멍. **最初の**(さいしょ)의 만남에서부터 넌 언제나 내가 뛰어넘을 수 없는 1등이었다는걸.

뛰어난 체력, **賢く**(かしこ)하게 일을 처리하는 두뇌,

그리고 무엇보다멍... 모든 이에게 **親切な**(しんせつ)한 너의 마음씨 모두 말이다멍.

할머니, 제가 들어드릴게요냥.

한심하게도... 난 그런 너에게 질투를 느끼고 있었다멍.

그래서 널 괴롭히려고 **勤勉な**(きんべん)한 너의 성격을 이용해서 집안일을 떠넘겼다멍.

그 밖에도... 너를 **利用できる**(りよう) 만큼 이용했지멍...

어, 그래...

나 야식 먹었는데, 네가 설거지 담당이니까 해주라.

---

**これ** : 이것　　　　**銀** ぎん : 은　　　　**最初の** さいしょの : 최초의　　　　**賢く** かしこく : 영리하게

**親切な** しんせつな : 친절한　　　　**勤勉な** きんべんな : 근면한　　　　**利用できる** りようできる : 이용할 수 있는

---

**空の** からの : 텅 빈　　　　**もっと良い** もっとよい : 더 좋은　　　　**最も良い** もっともよい : 최고의, 가장 좋은

**再び** ふたたび : 다시　　　　**支持** しじ : 지지

왜냐멍! 동료들은 아무도 신경 안 쓸 거다멍! 그들은 아직도 너를 信頼する<sup>しんらい</sup> 하고 있다멍!

그리고 안타깝다멍! 네가 조직에 돌아오면 분명 もっと多い<sup>おお</sup>한 생명을 구할 수 있을 거다멍!

설사 그렇다 하더라도… 나는 이미 조직을…냥!

돌아와라멍! 조직의 앞날을 위해선 네가 必要する<sup>ひつよう</sup>하다멍!

나를 必要とする<sup>ひつよう</sup>해준다니 정말 고맙지만냥…! 나는냥!!

언제까지 시시덕거릴 거야, 이 자식들아!

찰싹!  찰싹!

뒤를 한번 보라고! 불량배들이 저렇게 近い<sup>ちか</sup>한 곳까지 따라붙었단 말이야! 빨리 달려!!

아, 알았으니까 채찍으로 打つ<sup>う</sup> 하지만 말아주세요냥!

찰싹!  찰싹!

우케케케켁, 케훅! 켈록!!

드디어 따라잡았다! 이제 한 걸음!!

어, 어서 떨쳐내! 더 빨리 달려!!

우, 우캬아아악!

---

信頼する しんらいする : 신뢰하다　　もっと多い もっとおおい : 더 많은　　必要する ひつようする : 필요하다

必要とする ひつようとする : 필요로 하다　　近い ちかい : 가까운　　打つ うつ : 때리다

스포츠카로 <ruby>高速道路<rt>こうそくどうろ</rt></ruby>를 달리듯이 달리란 말이얫!

터무니없는 소릴...

덜커덕!

핫, 보스!

덜커덕!

거의 다 왔습니다멍!

저 길 건너로 보이는 게 보스가 말씀하신 호텔입니다멍!

그런데 큰일 났다냥! 횡단보도 <ruby>信号灯<rt>しんごうとう</rt></ruby>가 빨간불이다냥!

뭣?!

캬캬캬! 이젠 너흰 끝이다!

그런 거 따질 때가 아니야! 무시하고 <ruby>渡<rt>わた</rt></ruby>る 해!

예썰!

---

**高速道路** こうそくどうろ : 고속도로　　　**信号灯** しんごうとう : 신호등　　　**渡る** わたる : 건너다

빵빠아아아앙!

헉! 끼야앙아아아아아! 엄마아아아앙아아!

危(あぶ)ない!

왜 녀석들을 걱정하는 거야, 인마!

우당탕탕

쿨럭…!
빌어먹을 운전자 녀석…
야간에는 運転(うんてん)을
조심해서 해야 할 거 아냐…!

헤헤,
Sorry!

…아무것도 안 보여… 난 죽어버린 건가…
난 아직 젊은데… 이렇게 早い(はや)하게 죽을 줄은
상상도 못 했어…그래도 이 정도면 十分(じゅうぶん)に하게
즐기다 가는 거잖아?

형… 옛날에 울창한 森(もり)속에서 홀로
원시인처럼 생활하던 나를 형이 거둬줬지.
그날은 눈이 펑펑 내리던 추운 冬(ふゆ)날이었어.

---

危ない! あぶない! : 위험해!　　　運転 うんてん : 운전　　　早い はやい : 이른　　　十分に じゅうぶんに : 충분히

森 もり : 숲　　　冬 ふゆ : 겨울

정확히는 12 月 25일,
크리스마스날이었지
형은 나에게 있어서
그야말로 산타클로스였어.

그 후로도, 내 足りない한 부분을 형이 전부
채워줬잖아. 그 덕분에 난 満足した한
삶을 살고 가. 정말 고마웠어, 형 그럼, 안녕.

...아니,

따지고 보면
그 자식이 날 길바닥에 내팽개쳐서
죽게 된 거잖아? 엊 밤네?

안 되겠다. 未来에
그놈의 자식으로 태어나서
속 엄청나게 썩혀줘야겠어!

... 보스!
괜찮으십니까멍!
일어나십시오멍!

뭐야, 나 아직
生きている하네?

벌떡

휴, 다행이에요냥!
잠깐이지만 진짜로
死んだ한 줄 알았잖아요냥!

... 훗, 그래서 그렇게
心配そうな한
눈빛으로 보고 있던 거냐.

자식들, 걱정 마라.
이렇게 멀쩡하니까!
그보다 어서 호텔로 가자.

---

**月** がつ : 월     **足りない** たりない : 부족한     **満足した** まんぞくした : 만족스러운     **未来** みらい : 미래

**生きている** いきている : 살아있는     **死んだ** しんだ : 죽은     **心配そうな** しんぱいそうな : 걱정스러운

그게 말입니다멍…
수레의 **車輪**이 빠져버려서
더는 보스를 모시기
힘들 것 같습니다멍…

しゃりん

그리고 더 큰 일 난 건…
저희 지금 포위당해 있어요냥…

크헤헤, 어리석은 놈들.
감히 신호를 위반하다니…

こうつう
**交通**법규는
지키라고 있는 거 모르냐!

방심이 큰 화를 부른다고!
이런 한밤중에야말로
**特に** 지켜야 한단 말이다!

とく

그렇지 않으면…
너희처럼 이렇게 험한 꼴을
당하게 되는 거다!

뭣들 하고 있냐!
쳐라!!!

히햐아아아아~

---

**車輪** しゃりん : 바퀴        **交通** こうつう : 교통        **特に** とくに : 특히

네 이 녀석들!
멈춰라!

아얏!

퍽

아야!

퍽

퍽

아팟!!

퍽

젠장! 누구냐! 누군데
이런 **堅い**한 짱돌을
고양이한테 던지고 앉았어!
위험하잖아!

우리 말이냐?
우리에 대해 간략히 **紹介する** 하자면

너희 같은 악당들을 물리치고
이 도시의 평화를 지키는 로마 방위대!

너, 너희들...!

여긴 어떻게 알고
찾아온 거냥!

---

**堅い** かたい : 단단한          **紹介する** しょうかいする : 소개하다

네가 떠나있는 사이, 모든 멤버들의 배지에 위치 발신기 **機能**(き のう)를 내장시켰거든!

헉, **科学技術**(か がく ぎじゅつ)가 어느새 그 정도로 발전해 있었다니…!

아무튼 이제 걱정하지 마라. 너는… 우리의 동료는 우리가 지킨다!

제군들! 지금이야말로 평소 쌓아온 돌팔매질 **訓練**(くんれん)의 성과를 보여줄 때다!

지금의 대열을 **保つ**(たも)하면서!

일제히~

던져라~!

아얏! 애들아! 겁먹지 말고 **前へ**(まえ)로 나아가서 공격해라!

큭, 저 자식들이!

아, 진짜 아파.

---

**機能** きのう : 기능    **科学技術** かがくぎじゅつ : 과학기술    **訓練** くんれん : 훈련    **保つ** たもつ : 유지하다

**前へ** まえへ : 앞으로

---

距離 きょり : 거리  　  解決策 かいけつさく : 해결책  　  後ろへ うしろへ : 뒤로  　  鏡 かがみ : 거울

… 보스는 이대로 그냥 가십시오냥!
여긴 저희끼리 해결할게요냥!

아니, 그럴 순!

보스는 이 도시에 패키지
**ツアー**온 여행객일
뿐이잖습니까멍!

괜히 말려들 필요 없습니다멍!
내일 일정에 차질이 생길 겁니다멍!
아침 **早く** 일어나셔야
하잖습니까멍!

아침에 지각하면
일행들에게 미움 삽니다멍!
그만큼 시간 약속은
중요합니다멍!

아, 아니야.
딱히 여행사를 끼고
온 건 아니까 괜찮아!

설령 그렇다 해도냥!
어차피 보스의 고향으로 다시 돌아가야 하는
**往復旅行**중이시잖아요냥!

외부인은 필요 없어요냥!
저희의 고향은
저희가 지킬게요냥!

이놈 말본새 좀 보소…
알았어! 간다, 가! 흥!

저, 저기 보스!

대신 이거 하나만
**約束**해주시겠어요냥?

언젠가 다시 한번
이곳으로 찾아와 저희를
만나주시겠다고…멍!

ㅠㅠ
허윽…
이 촌데레 같은
녀석들…

---

**ツアー** : 관광 여행   **早く** はやく : 빨리   **約束** やくそく : 약속   **往復旅行** おうふくりょこう : 왕복 여행

**約束** やくそく : 약속

---

約束する やくそくする : 약속하다　　　連絡する れんらくする : 연락하다　　　元気でね。 げんきでね。 : 몸 건강해(헤어질 때 인사말).

衝撃的な しょうげきてきな : 충격적인　　　もっと : 더

---

**少し** すこし : 조금 　　**もっと低い** もっとひくい : 더 낮은 　　**匂いがする** においがする : 냄새가 난다

**悪臭** あくしゅう : 악취 　　**創造的に** そうぞうてきに : 창조적으로 　　**カーペット** : 카펫

| | | | |
|---|---|---|---|
| **先週に** せんしゅうに : 지난주에 | **今週に** こんしゅうに : 이번 주에 | **来週に** らいしゅうに : 다음 주에 | **靴下** くつした : 양말 |
| **洗う** あらう : 씻다 | **シャワーを浴びる** しゃわーをあびる : 샤워하다 | | **ソファ** : 소파 |

---

**風呂** ふろ : 욕조     **お湯** おゆ : 더운물     **満たす** みたす : 채우다     **体** からだ : 몸

**脱ぐ** ぬぐ : 벗다     **回る** まわる : 돌다

---

石鹸 せっけん : 비누　　　柔らかい やわらかい : 부드러운　　　髪 かみ : 머리카락　　　完成する かんせいする : 완성하다

似る にる : 비슷한

静かな しずかな : 조용한　　隙間 すきま : 틈　　開いた ひらいた : 열린

그리고 내가 평소에 CPR을
**練習**해둬서 다행인 줄 알아!
아니면 너넨 지금쯤 하나님 오른편에
앉아 있었을 테니까!

아무튼,
**エアコン** 빵빵하게 틀어놨으니까
찬 기운으로 열부터 가라앉혀.

아, 어쩐지
**涼しい**하더라~
땡큐!

크흠

슬슬 옷 좀 **着る**해주지?
보고 있기 민망하니까.

에구머니나!

시원한 건
그 때문만은
아닐 테데…

후다닥

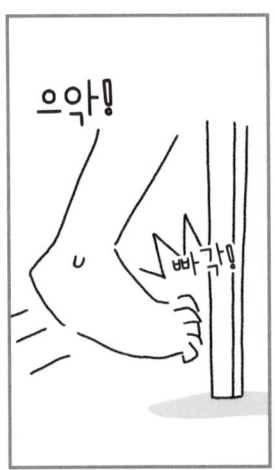

으악!

빠각!

**足指**찧었어.
진짜 아파! 크으…!

누구야! 책상 앞에
있어야 할 **椅子**를
여기에 가져다 놓은 녀석이!

…이 화상들을
도대체 어찌할꼬…

에휴, 나
씻고 온다.

---

**練習** れんしゅう : 연습　　**エアコン** : 에어컨　　**涼しい** すずしい : 시원한 (신선한)　　**着る** きる : (옷을) 입다

**足指** あしゆび : 발가락　　**椅子** いす : 의자

아, 목마르면 **ミニバー**에 들어있는 음료수 마셔.

나중에 따로 **使用料**(し ようりょう)가 청구되긴 하지만 신경 쓰지 말고 너넨 지금 수분을 섭취해야 해.

그리고 혹시라도 옷장 안에 있는 **金庫**(きん こ)에 귀중품 넣어두지 마.

**パスワード**를 설정해도 관리자 번호를 입력하면 열리게 되어 있거든.

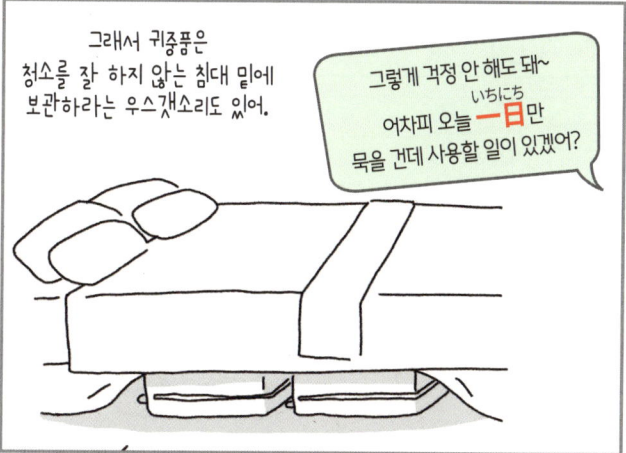

그래서 귀중품은 청소를 잘 하지 않는 침대 밑에 보관하라는 우스갯소리도 있어.

그렇게 걱정 안 해도 돼~ 어차피 오늘 **一日**(いちにち)만 묵을 건데 사용할 일이 있겠어?

그것보다 여기 **ワイファイ**비밀번호가 뭐야?

저기 책상 위에 있는 호텔 **パンフレット**에 적혀 있어.

글쿤, 어디 보자... 오, 연결됐다.

됐지? 그럼 나 이제 진짜 씻으러 들어간다~

탕

---

**ミニバー** : 미니 바(냉장고)　　**使用料** しようりょう : 사용료　　**金庫** きんこ : 금고　　**パスワード** : 비밀번호

**一日** いちにち : 하루　　**ワイファイ** : 무선인터넷, 와이파이　　**パンフレット** : 안내 책자, 팸플릿

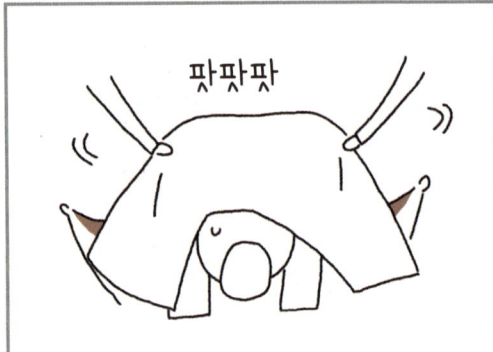

寒い さむい : 추운     濡れた ぬれた : 젖은     タオル : 수건     ブラシ : 빗

---

床 ゆか : 마루　　　覆う おおう : 덮다　　　インターネット : 인터넷　　　テレビ : 텔레비전

---

砂漠 さばく : 사막　　環境 かんきょう : 환경　　火山 かざん : 화산　　活動 かつどう : 활동

為替レート かわせれーと : 환율　　金融の きんゆうの : 금융의　　争点 そうてん : 문제(issue)

환경문제를 개선하기 위해선
こくさいてき
**国際的な**한 관심이 필요하지.
실로 바람직해.

끄덕끄덕

그렇지만 난 심심하단 말이야.
좀 더 흥미로운 **ニュース**거리 없나?

… 다음은 이탈리아
こくない
**国内の**의 소식입니다.

삑

TOPNEW

한밤중에 무단으로 도로를 점유하여
いし
서로 **石**를 던지며 싸우고 있던 동물들이
경찰에 의해 집단으로 검거되었습니다.

けいさつかん
그들을 체포한 **警察官**으로부터
개들이 로마를 지키기 위한
샤투를 벌였다는 진술을 입수했습니다.

개인 정보를 이용한
범죄조직 호롤로냥이란
곳과 대적해…

허허허, 살다 보니
별일을 다 보는구나.

하지만, 비록 그것이
しんじつ
**真実の**이야기일지라도
그들은 도로법을 위반했기에
최소 징역 1년의…

ㅋㅋ

이거야말로 오늘의
しゅよう
**主要な**한 뉴스감이네.

까먹음 →

그나저나, 이런 한밤중에 일하다니
まじめ
굉장히 **真面目な**한 녀석들이네.

たい だ
나 같이 **怠惰な**한 사람은
일 끝나고 집에 들어가면
손 하나 꼼짝하기 싫은데 말이야.

---

**国際的な** こくさいてきな : 국제적인　**ニュース** : 뉴스　　**国内の** こくないの : 국내의　　**石** いし : 돌

**警察官** けいさつかん : 경찰관　　**真実の** しんじつの : 사실인　　**主要な** しゅような : 주요한　　**真面目な** まじめな : 성실한

**怠惰な** たいだな : 게으른

그러기 위해선 일단
**カレンダー**를 봐야겠지.

| にちようび<br>**日曜日** | げつようび<br>**月曜日** | か ようび<br>**火曜日** | すいようび<br>**水曜日** | もくようび<br>**木曜日** | きんよう び<br>**金曜日** | ど ようび<br>**土曜日** |
|---|---|---|---|---|---|---|
| 1 | 2 | 3 | 4 | 5 | 6 | 7 |
| 8 | 9 | 10 | 11 | 12 | 13 | 14 |
| 15 | 16 | 17 | 18 | 19 | 20 | 21 |
| 22 | 23 | 24 | 25 | 26 | 27 | 28 |
| 29 | 30 | 31 | | | | |

---

**休暇** きゅうか : 휴가　　**休日** きゅうじつ : 휴일　　**時刻表** じこくひょう : 시간표　　**カレンダー** : 달력

**日曜日** にちようび : 일요일　　**月曜日** げつようび : 월요일　　**火曜日** かようび : 화요일　　**水曜日** すいようび : 수요일

**木曜日** もくようび : 목요일　　**金曜日** きんようび : 금요일　　**土曜日** どようび : 토요일

내일이 며칠이더라?
**日付**(ひづけ)를 보니
12일… 목요일이군.

좋아, 내일은
아침에 일어나서
밥을 먹고~

날이 화창하다면
식후 산책으로 동네를
한 바퀴 돌았으면 좋겠어.

이 이탈리아라는
**国家の**(こっか)의 생생한 아침을
이 눈에 직접 담고 싶거든.

그런 **直接的な**(ちょくせつてき)한 체험이
기억에 오래 남는 법이니까.

아, 그런데 정작 **晴れた**(は)한
날씨가 아니면 어떡하지?

**曇った**(くも)한 날이면
건물이고 사람이고 죄다
우중충해 보일 텐데…

그런 건 딱 질색이라고.
스마트폰으로 내일 날씨를
확인해봐야겠다.

… 그런데 내가 이렇게 저렇게
하자고 **提議**(てい ぎ)해봤자
어차피 저 녀석 뜻대로
흘러갈 거잖아?

저 녀석 머릿속엔 이미
**完全な**(かんぜん)한 플랜이
세워져 있을 테니까.

---

**日付** ひづけ : 날짜 　　　 **国家の** こっかの : 국가의 　　　 **直接的な** ちょくせつてきな : 직접적인 　　　 **晴れた** はれた : 화창한

**曇った** くもった : 흐린 　　　 **提議** ていぎ : 제의 　　　 **完全な** かんぜんな : 완전한

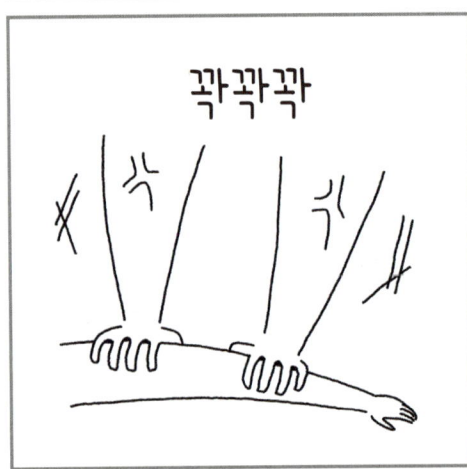

洗濯物 せんたくもの : 세탁물　　　　服 ふく : 옷　　　　正確な せいかくな : 정확한

좋아, 좋아. 이번엔
はんたいがわ
**反対側の**
팔 주물러줘.

… 그, 그래.

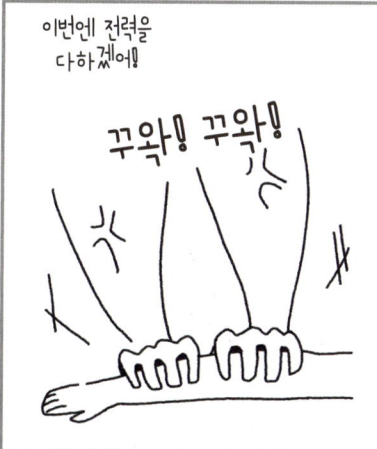

이번엔 전력을
다하겠어!

꾸욱! 꾸욱!

오오!
옳지, 잘한다..

くび
이번엔 **首**
요새 회사에서 모니터만
보다 보니 뻐근해져서 말이야~

こし
그게 끝나면 **腰** 부탁해.
마찬가지로 회사에서 너무 앉아만 있었더니 말이야~

… 응.

と
야, 등은 **飛ばす** 하고 허리나 해.
내가 목 다음엔 허리라고 했잖아?

응… 미안…

꾹꾹꾹

으음~ 이제
じゅうぶん
**十分な** 한 느낌이야.
고생했어~ 땡큐~

헤헤…

나 갑자기 배고파.
ゆうしょく
그러고 보니 우리 **夕食**도
안 먹고 돌아다녔잖아.

그러게. 늦긴 했지만
**ルームサービス**로 시켜 먹을까?

벌떡!

좋아, 좋아!
かわ
근데 일단 **乾いた**한
목을 적시고 싶은데.

그러면 시원한 **ビール**도
주문해서 밥이랑 같이 먹자.

---

**反対側の** はんたいがわの : 반대쪽의　　**首** くび : 목　　**腰** こし : 허리　　**飛ばす** とばす : 넘기다, 뛰다

**十分な** じゅうぶんな : 충분한　　**夕食** ゆうしょく : 저녁 식사　　**ルームサービス** : 룸서비스　　**乾いた** かわいた : 마른, 건조한

**ビール** : 맥주

賢い かしこい : 지혜로운　　もしもし? : (전화 받을 때) 여보세요?　　追加の ついかの : 추가의　　含む ふくむ : 포함하다

サービスチャージ : 서비스 요금　　室料 しつりょう : 객실 가격

아얏! 이를 어째!
침대에 흘러버렸어.
미안.

괜찮아, 다행히
**ベッドカバー**에만
살짝 묻었네.
알아서 마를 거야.

ㅋㅋㅋㅋ
ㅋㅋㅋ

자, 그럼 다 먹었지?
**歯**닦고 우리도 이만 자자.

치카치카

불 끈다~

아, 안 돼 난 잘 때 무서워서
집에서도 **電灯**켜고 잔단 말이야.

그럼 너무 **明るい**하니까 조금만 어둡게 할게.

후아, **枕**
푹신푹신하니
기분 좋다~

**布団**도
부들부들하니
따뜻해~

---

**ベッドカバー** : 침대 커버　　**歯** は : 치아　　**電灯** でんとう : 전등　　**明るい** あかるい : 밝은

**枕** まくら : 베개　　**布団** ふとん : 이불

아, 맞다 먹고 바로 横になる하면 역류성 식도염 걸리는데…

얼씨구, 네가 언제 그런 健康를 챙겼다고 그러냐.

그렇긴 하지~?

ㅋㅋㅋ

조용ㅡ

그런데 이 동네 진짜 조용하다. 騒音이 거의 없어.

… あのね
우리 알고 지낸 지 얼마나 됐지?

글쎄? 우리가 갓난 赤ちゃん이었을 때부터 봐왔으니까 엄청 오래됐지.

그치… 엄청 오래됐어…

근데 생뚱맞게 갑자기 왜 이런 얘기를?

… 그거 기억나?

어렸을 때 너 혼자 자정 무렵까지 내 誕生日를 축하해줬던 거.

아, 기억나지. 그때 우리 年齢가 아마 9살이었을 걸?

응, 그날 저녁에 친구들과 생일 パーティー하려고 엄마랑 같이 아침부터 음식을 정성껏 준비하고,

점심에 친구들을 찾아가서 招待장을 돌렸지.

---

横になる よこになる : 눕다　　健康 けんこう : 건강　　騒音 そうおん : 소음　　あのね。: 있잖아.

赤ちゃん あかちゃん : 아기　　誕生日 たんじょうび : 생일　　年齢 ねんれい : 나이　　パーティー : 파티

招待 しょうたい : 초대

그런데… 저녁이 되었는데도
아무도 오질 않았어…
**ケーキ**에 꽂아 놓았던 9개의 초는
모두 녹아내릴 참이었지.

그때, 네가 부리나케 찾아와
나와 함께 초를 **吹く** 해줬잖아.

전날 너와 싸우는 바람에
너만 **招く** 하지 않았는데 말이야…

그래서 내가 얼마나 미안하고
고마웠는지 넌 모를 거야…

ㅋㅋㅋ 그랬냐?
근데 생뚱맞게
갑자기 왜 이런 얘길!?

벌떡

나 말이야…
너를 **好きだ** 해.

---

**ケーキ** : 케이크   **吹く** ふく : 불다   **招く** まねく : 초대하다   **好きだ** すきだ : 좋아하다

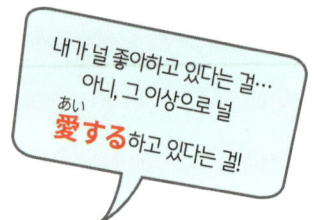

気付く きづく : 깨닫다　　　愛する あいする : 사랑하다　　　友達 ともだち : 친구　　　家族 かぞく : 가족

夫 おっと : 남편　　　妻 つま : 부인　　　台所 だいどころ : 부엌

浴室 よくしつ : 욕실　　　리빙룸 : 거실　　　寝室 しんしつ : 침실　　　簡単な かんたんな : 간단한

決定 けってい : 결정　　　事案 じあん : 사안　　　心臓 しんぞう : 심장

... 으응? 주먹 위로 느껴지는 이 묵직한 감촉은 뭐지…?

# 이 자식이…

하도 안 일어나길래 깨워주려고 했더니 갑자기 주먹질하고 난리야…!

죽을래…!?

어라?

아침…? 너 어젯밤에 나한테 고백… 어라?

퍽

퍽

? 무슨 이상한 <sub>ゆめ</sub> **夢**라도 꾼 거야?

왜 <sup>め ざ</sup>**目覚める**하자마자 얼 타고 그래? 바보같이.

엥? 그게 꿈이었다고? 흠… 그런 것 치고는 굉장히 <sup>あき</sup>**明らか**한 느낌이었는데…

그러니까 침대에 눕고 나서… 아, 안 되겠다. <sup>け</sup>**消しゴム**로 지워진 것처럼 아무것도 안 떠올라.

그보다 곧 **チェックアウト**시간이니까 얼른 나갈 준비나 해.

자칫하다간 또 추가 요금 가지고 실랑이 벌이겠어.

**おっと!** 그럼 안 되지!

허둥지둥

---

**夢** ゆめ : 꿈    **目覚める** めざめる : 잠이 깨다    **明らかな** あきらかな : 분명한    **消しゴム** けしごむ : 지우개

**チェックアウト** : 체크 아웃    **おっと!** : 이런!

근데 이상하다?
어제 혹시 몰라서 **アラーム**
7시로 맞춰 놓고 잤는데 왜 안 울렸지?

왜 안 울렸지?

5분마다 울렸거든!?
근데 네가 쥐약이라도 먹은 듯이
미동조차 안 하길래 내가 끈 거야!

빠직

그 뒤로 잠이 안 와서 우리끼리 호텔에서
ていきょう
**提供する**해주는 조식 먹고
바티칸 시티까지 산책하고 왔어.

이런, 내가 하고 싶었던
일을 너희끼리…!
ㅠㅠ

잠에 취한
네 녀석 잘못이지!

준비 끝났지?
그러면 어서 공항으로 가자!
이탈리아와는 오늘로 안녕이야!

엥? 갑자기?
이탈리아에서 며칠 더
とど
**留まる**
하는 거 아니었어?

그러려고 했는데
바티칸에 있는 성 베드로 대성전을
しゅんかん
눈으로 본 **瞬間**

이탈리아는 내 안에서
완전히 빛을 잃었어.
뭐랄까, 다 이루었다… 랄까.

---

**アラーム** : 알람  **提供する** ていきょうする : 제공하다  **留まる** とどまる : 머물다  **瞬間** しゅんかん : 순간

---

希望 きぼう : 희망          ゴルフ : 골프          指輪 ゆびわ : 반지

# 06 지시대명사

## 화장실은 '저기'입니다.
## '그' 가방이 마음에 드네요.
## '이'것으로 주세요.

위에 있는 3개 예문처럼 우리는 일상에서 지시대명사를 많이 사용합니다.
일본에서도 지시대명사를 자주 씁니다. 쇼핑하거나 주문할 때 제품명이나
메뉴를 읽지 못하더라도, 손가락으로 물건이나 메뉴판을 가리키면서 이거
달라고 할 수 있으니까 지시대명사는 여러모로 유용한 표현이지요.

**こ** 코ㅣ이
(내 쪽에 가까운 것)

**そ** 소ㅣ그
(상대방 쪽에 가까운 것)

**あ** 아ㅣ저
(양쪽 모두에게 멀리 있는 것)

**ど** 도ㅣ어느
(의문)

## 이것, 그것, 저것

| 지시대명사 표현 | | | |
|---|---|---|---|
| **これ**<br>코레<br>이것 | **それ**<br>소레<br>그것 | **あれ**<br>아레<br>저것 | **どれ**<br>도레<br>어느 것 |
| **ここ**<br>코코<br>이곳 | **そこ**<br>소코<br>그곳 | **あそこ**<br>아소코<br>저곳 | **どこ**<br>도코<br>어느 곳 |
| **こちら**<br>코치라<br>이쪽 | **そちら**<br>소치라<br>그쪽 | **あちら**<br>아치라<br>저쪽 | **どちら**<br>도치라<br>어느 쪽 (존댓말) |
| **こっち**<br>콧치<br>이쪽 | **そっち**<br>솟치<br>그쪽 | **あっち**<br>앗치<br>저쪽 | **どっち**<br>돗치<br>어느 쪽 (반말) |

| 형용사 표현 | | | |
|---|---|---|---|
| **この**<br>코노<br>이 | **その**<br>소노<br>그 | **あの**<br>아노<br>저 | **どの**<br>도노<br>어느 |
| **こんな**<br>콘나<br>이런 | **そんな**<br>손나<br>그런 | **あんな**<br>안나<br>저런 | **どんな**<br>돈나<br>어느 것 |

| 부사 표현 | | | |
|---|---|---|---|
| **こんなに**<br>콘나니<br>이렇게 | **そんなに**<br>손나니<br>그렇게 | **あんなに**<br>안나니<br>저렇게 | **どんなに**<br>돈나니<br>얼마나 |
| **こう**<br>코오<br>이렇게 | **そう**<br>소오<br>그렇게 | **ああ**<br>아아<br>저렇게 | **どう**<br>도오<br>어떻게 |

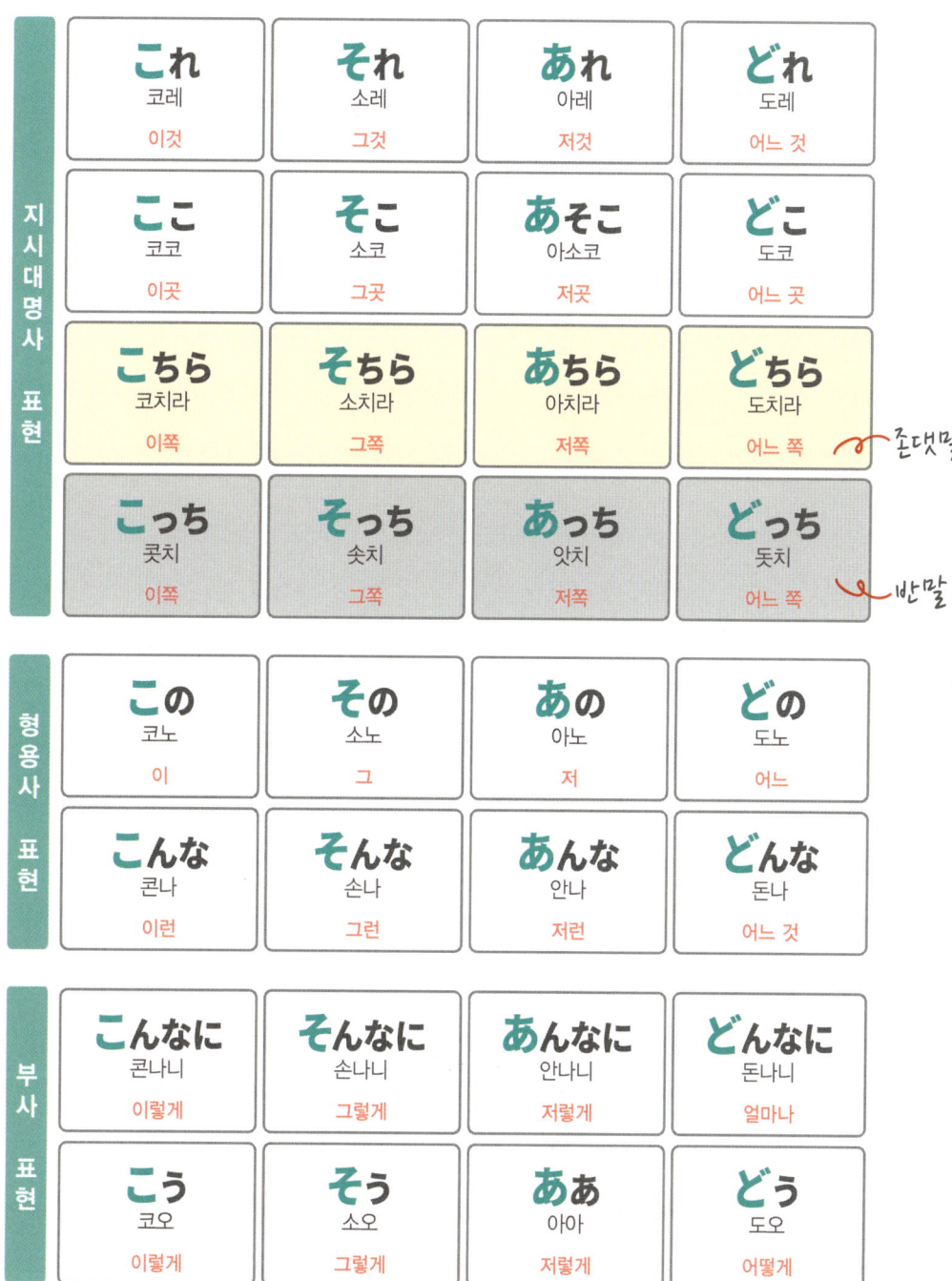

저기 **警察署**(けいさつしょ) 앞에
서 있는 경찰관한테
물어보고 가자!

**5장**

묻어가는 게 최선!
지리를 모를 땐 옆 사람에게

괜찮아. 어차피 오늘은 우리 아빠의 여동생, 그러니까 **おばさん** 네 집으로 곧장 갈 생각이었거든.

가는 날이 장날이라더니… 비가 억수로 와 버리네.

와~ 비 온다~!

우리 오빠, 아니 네 아빠는 잘 지내지?

**14**

그리고 **明日**<sup>あした</sup>는 뉴질랜드 북섬 북단에 있는 뉴질랜드 최대의 도시인 이 오클랜드를 살짝 돌아본 다음,

오클랜드

**15**

**明後日**<sup>あさって</sup>에 오클랜드에서 버스를 타고 남단에 있는 뉴질랜드의 수도인 웰링턴으로 내려가서 하룻밤 묵고,

웰링턴

**おばさん** : 고모 (부모의 여자 형제, 중년 여성 총칭)    **明日** あした : 내일    **明後日** あさって : 모레

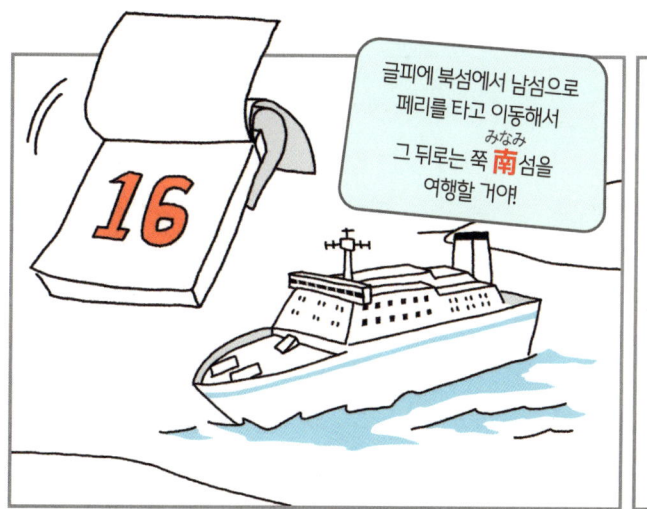

글피에 북섬에서 남섬으로
페리를 타고 이동해서
그 뒤로는 쭉 南(みなみ)섬을
여행할 거야!

北(きた)섬에서 남섬으로?
아, 혹시 뉴질랜드가
섬나라야?

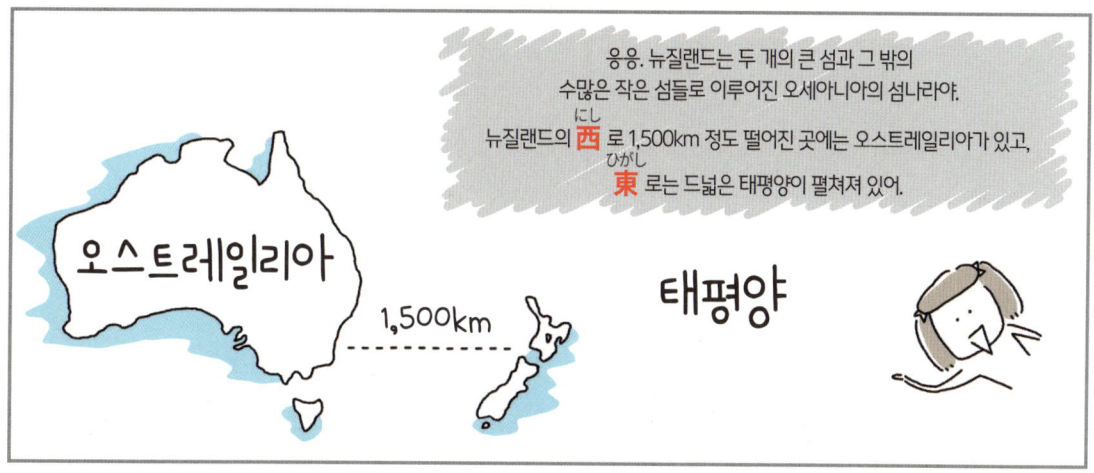

응응. 뉴질랜드는 두 개의 큰 섬과 그 밖의
수많은 작은 섬들로 이루어진 오세아니아의 섬나라야.
뉴질랜드의 西(にし)로 1,500km 정도 떨어진 곳에는 오스트레일리아가 있고,
東(ひがし)로는 드넓은 태평양이 펼쳐져 있어.

오스트레일리아

1,500km

태평양

이렇게 외진 곳에 있었기 때문에
인간이 마지막으로 발견한
섬 중 하나였다고 해!

아니,
이런 곳에 섬이?!

호오, 그렇구나~
그런데 너희 고모가
여기 사셔?

응 고모의 남편,
그러니까 おじさん이랑 같이
초밥집을 운영하고 계셔.

---

南 みなみ : 남쪽          北 きた : 북쪽          西 にし : 서쪽          東 ひがし : 동쪽

おじさん : 고모부 (부모의 남자 형제, 중년 남성 총칭)

고모네 집에서 이틀간 신세 질 거야.

불 끈다, 잘 자렴~

뭐? 야, 그런 걸 너 혼자서 決める<sup>き</sup>하면 어떡해?

싫어? 숙박비 節約する<sup>せつやく</sup> 할 수 있는데?

너의 주도적인 면이 난 참 좋더라!

… 고모네 집 住所<sup>じゅうしょ</sup> 좀 확인해 볼게.

동생아, 그러다 감기 걸려~

난 그런 病気<sup>びょうき</sup> 따위에 안 걸려! 금강불괴니까!

철퍽철퍽

끄응… 이것만 가지고는 잘 모르겠는데…?

저기 警察署<sup>けいさつしょ</sup> 앞에서 있는 경찰관한테 물어보고 가자!

그럴까?

야, 너 傘<sup>かさ</sup> 있지? 나랑 같이 쓰자.

동생아, 너도 이리 와.

---

**決める** きめる : 결정하다 　　 **節約する** せつやくする : 아끼다 　　 **住所** じゅうしょ : 주소 　　 **病気** びょうき : 질병

**警察署** けいさつしょ : 경찰서 　　 **傘** かさ : 우산

이리쿵저러쿵

끄덕끄덕

そば
… 야, 내 傍로 좀만 더 붙어. 너 어깨 다 젖고 있잖아.

아니, 이상하게 그러기가 싫네…

멀찍

부우우웅

철퍽!

앗, 차가워!

傍 そば : 옆

아잇! 뭐야, 저 차는! 매너는 똥 말아 먹었나! **ズボン**에 물 다 튀었잖아!

쌤통이다. 그러니까 옆으로 오라고 했잖아.

ㅋㅋㅋㅋ

어휴…

그보다 **方向**는 이쪽이 확실한 거야? 아까부터 같은 곳을 뱅뱅 돌고 있는 것 같은데!?

・・・

너, 설마… **道に迷った**한 거야?

너만 믿고 따라오라며!

흠칫!

지, 진정하고 기다려봐. 고모한테 **携帯メール**로 SOS 보내 놨으니까.

고모 ㅠㅠ 저 길 잃은 거 같아요 ㅠㅠ 경찰한테 물어봐서 가는 중이었는데 가면 갈수록 같은 곳만 도는 것 같은 느낌이 들고… 어떻게 해야 할지 모르겠어요 ㅠㅠ

---

**ズボン** ずぼん : 바지   **方向** ほうこう : 방향   **道に迷った** みちにまよった : 길을 잃은   **携帯メール** けいたいめーる : 문자 메시지

---

**電話する** でんわする : 전화하다　　**返事をする** へんじをする : 답장하다　　**メッセージ** : 메시지　　**位置** いち : 위치(장소)

**ビルディング** : 빌딩

**고모** 장난하니? 좀 더 구체적으로 말해보렴.

사람이 타고 앉아 두 다리의 힘으로 바퀴를 돌려서 가게 만든 **自転車**을 파는 가게가 보여요. **나**

**고모** 오케이. 지금 나랑 해보자는 거지?

**まさか**~ 헤헷. **나**

어… 뭐랄까. 엄청난 부자들이 살 것만 같은 고층의 **アパート**가 보여요.

**고모** 호호호. 제대로 찾아왔네~ 그쪽이 우리 집이란다.

---

**自転車** じてんしゃ : 자전거    **まさか。** まさか。 : 그럴 리가요.    **アパート** あぱーと : 아파트

成功 せいこう : 성공　　　　そちら そちら : 그쪽

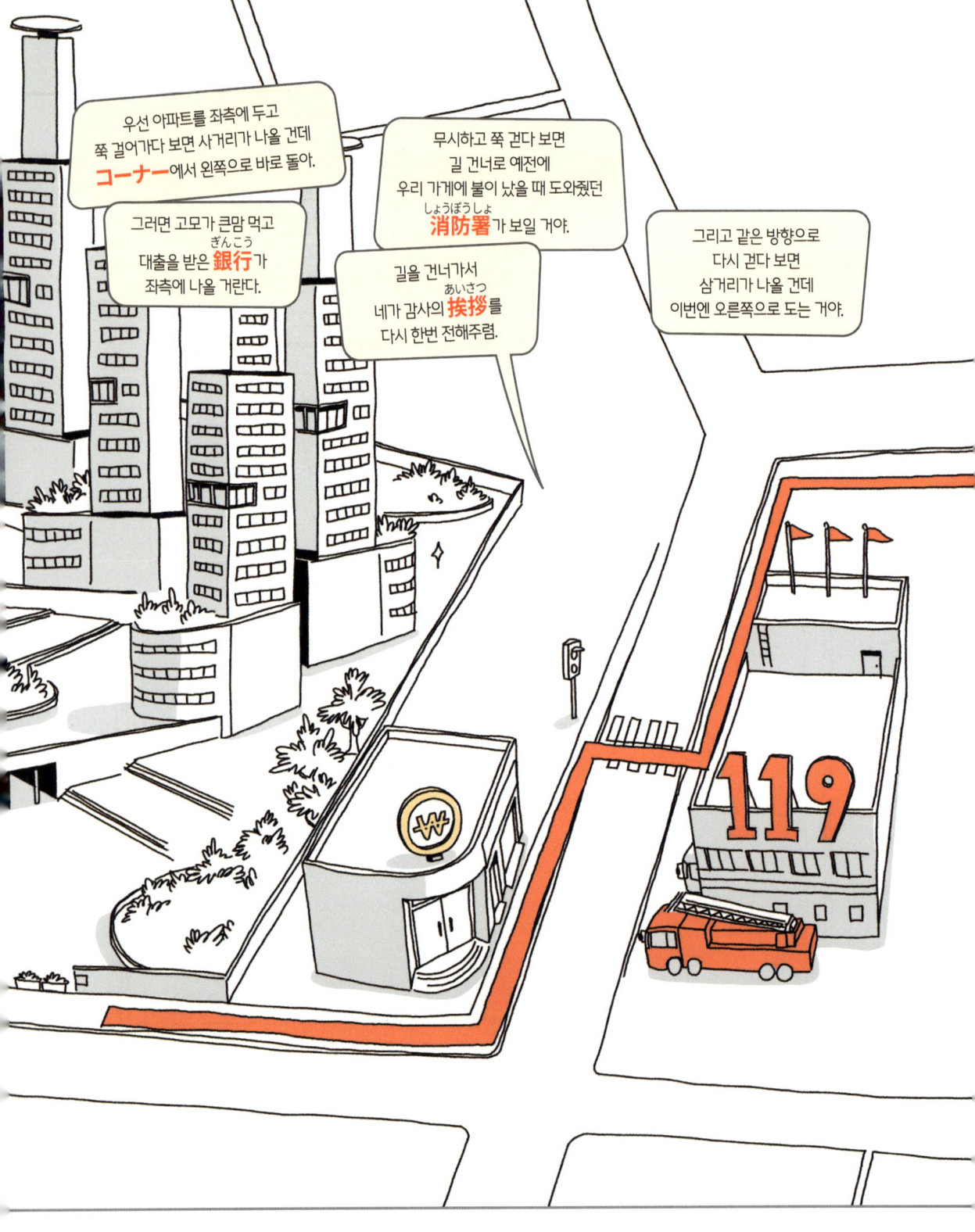

우선 아파트를 좌측에 두고
쭉 걸어가다 보면 사거리가 나올 건데
**コーナー**에서 왼쪽으로 바로 돌아.

그러면 고모가 큰맘 먹고
대출을 받은 **銀行**(ぎんこう)가
좌측에 나올 거란다.

무시하고 쭉 걷다 보면
길 건너로 예전에
우리 가게에 불이 났을 때 도와줬던
**消防署**(しょうぼうしょ)가 보일 거야.

길을 건너가서
네가 감사의 **挨拶**(あいさつ)를
다시 한번 전해주렴.

그리고 같은 방향으로
다시 걷다 보면
삼거리가 나올 건데
이번엔 오른쪽으로 도는 거야.

**コーナー** : 모퉁이, 코너    **銀行** ぎんこう : 은행    **消防署** しょうぼうしょ : 소방서    **挨拶** あいさつ : 인사

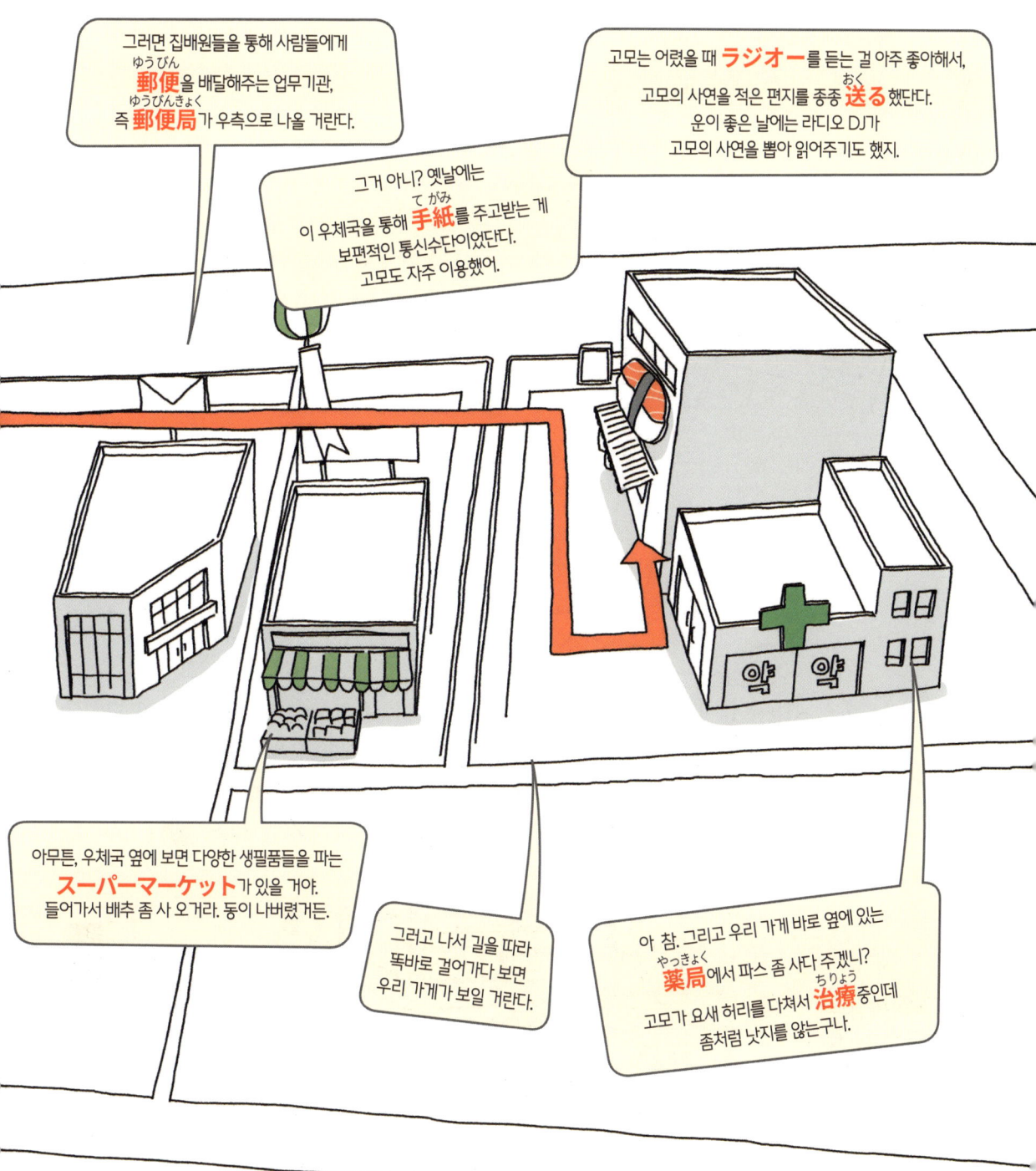

---

消防官 しょうぼうかん : 소방관     右へ みぎへ : 오른쪽으로     真っ直ぐに まっすぐに : 똑바로     忘れる わすれる : 잊다

**おじゃまします。** : 실례합니다 (남의 집에 방문할 때).

이야~ 우리 조카 못 본 사이 숙녀가 다 되었구나.

그래, 부모님은 건강히 잘 지내시고?

호호호

그럼요~ 항상 **元気な**한 분이시잖아요.
げんき

몇 년 전에 전해 듣기로는 신문사에서 **記事** 쓰는 일을 한다고 했던 것 같은데.
きじ

그거 다행이구나. 아, 네 언니는 일 잘하고 있다니?

아~ 그 **新聞**사에서는 진작에 해고당했어요.
しんぶん

자기네 회사와 정계의 유착을 비판하는 내용을 인터넷 기사 **本文** 안에 실어 상사 몰래 업로드 했거든요.
ほんぶん

그것도 자그마치 30 **ページ** 나 되는 분량을 말이에요.

그거 정말 당차구나.

○○ 신문사, 정계 □□□ 의원과 일화론…?껙

1/30

그래서 지금은 무슨 일한다니?

현재는 프리랜서인데, 외국어 자료를 우리말로 번역해주는 **翻訳家**로 지내고 있어요.
ほんやくか

Oh why did I do that?
Office worker is the best.
It is so hard to take
someone else's money.

ABC

그런데 그것도 곧 그만둘 거 같아요. 외국어 실력이 쥐뿔도 없어서 단어 **辞書**만 종일 들여다보거든요.
じしょ

---

**元気な** げんきな : 건강한 　　　**記事** きじ : (신문) 기사 　　　**新聞** しんぶん : 신문 　　　**本文** ほんぶん : 본문

**ページ** : 쪽, 페이지 　　　**翻訳家** ほんやくか : 번역가 　　　**辞書** じしょ : 사전

---

**初めまして。** はじめまして。 : 처음 뵙겠습니다.　　**配達する** はいたつする : 배달하다　　**タバコ** : 담배　　**禁煙の** きんえんの : 금연의

**直す** なおす : 고치다

여기 앞접시 좀 주세요~

젓가락 떨궜어요.
새로 가져다주세요~

양파를 **もっとください**~

네네, 갑니다~

고모, 일손이 부족하신 것 같은데
저희가 **お手伝いしましょうか**?

어머, 고맙구나.

그럼 넌 저 손님에게
새 **箸** 좀 가져다드리렴.

친구는 저기 위쪽에 들어있는
앞접시를 손님에게 가져다줄래?
**背の低い**한 이 아줌마는
높은 곳에 손이 잘 안 닿아서 말이야.
허리도 안 좋고…

**背の高い**한 친구가
때마침 있어 줘서
정말 다행이구나.

우리 작은 친구는 주방 안에 들어가서
얼른 양파 좀 다듬어 주겠니?
양파는 냉장고 옆에 있는
네모난 **箱** 안에 들어 있단다.

그렇게 **難しい**한
일도 아니네요!
저희한테 맡겨만 주세요!

든든하구나.
자, 손님들 기다리신다!
모두 화이팅하자꾸나!

---

**もっとください**。: 더 주세요.　　**お手伝いしましょうか?** おてつだいしましょうか?: 도와 드릴까요?　　**箸** はし: 젓가락

**背の低い** せのひくい: 키가 작은　　**背の高い** せのたかい: 키가 큰　　**箱** はこ: 상자　　**難しい** むずかしい: 어려운

후후후

오늘은 평소보다 더 많이 판 것 같구나!

고모님도 お疲れ様です!

다들 고생 많았다! 문 닫자!

끼얏호! 오늘은 회식이구나!

드르륵

나 왔어~ 어이구, 이게 누구야! 우리 조카 아냐!

고모부~ 오랜만이에요~

안녕하세요!

당신! 뭐 하느라 이제 오는 거예요! 出前를 무슨 베트남까지 갔다 오시기라도 한 거예요!?

---

お疲れ様です。 おつかれさまです。 : 수고하셨습니다.　　　出前 でまえ : (요리) 배달

뭔 헛소리야!
배달은 진작에 끝내고
우리 사랑스러운 외동 **娘**(むすめ)
데리러 학교 갔다 온 거야!

그치? 우리 딸?

...응.

어머, **久しぶり**(ひさ)~
잘 지냈니?

너희도 인사해.
내 **従兄弟**(いとこ)동생이야.
귀엽지?

안녕,
만나서 반갑다!

나만큼 귀엽네!!

학교는 한참 전에
끝났을 거 아니야?
도대체 둘이서 뭐 하다가
이제 온 거야?

···아빠랑 둘이
**映画館**(えいがかん)에 가서
영화 보고 왔어···

얘가, 얘가!
네가 그럴 시간이
어디 있니!

---

**娘** むすめ : 딸　　　**久しぶり。** ひさしぶり。: 오랜만.　　　**従兄弟** いとこ : 사촌　　　**映画館** えいがかん : 영화관

집에 와서 선생님이 내주신
宿題 しゅくだい 부터 해야 할 거 아냐!

잠깐의 유혹에 빠져서 해야 할 일을
疎かに おろそ 하지 말라고
엄마가 누누이 말했지!?

핸드폰 그만하고
공부해야지~

귀찮아...

그리고 다음 주면 試験 しけん 기간 아니니?
그럼 한눈팔지 말고 공부를 해야지!

어제 보니까 네 또래 애들은
근처 図書館 としょかん 에서 늦게까지
남아 공부하고 있더라!

그런데 넌 뭐?
영화!? 참나...
네가 그렇게 学生 がくせい 로서의 본분을
소홀히 하니까 친구들 사이에서도
무시당하는 거야!

그리고 네 담임 先生 せんせい 한테 다 전해 들었다!
너 요즘 교실에 모습도 잘 안 내비친다면서?

너 도대체 어쩌려고 그러니!?
너 그 좋은 학교 보내려고
우리가 돈을 얼마나 使う つかう 했는지
알기나 해!?

엄마는...

엄마는
아무것도
모르면서!

내 할 일은
내가 알아서 해!

---

**宿題** しゅくだい : 숙제   **疎かに** おろそかに : 소홀하게   **試験** しけん : 시험   **図書館** としょかん : 도서관

**学生** がくせい : 학생   **先生** せんせい : 선생님   **使う** つかう : 쓰다(use)

扱う あつかう : 다루다　　　　支持する しじする : 지지하다　　　　間違った まちがった : 틀린　　　　正しい ただしい : 옳은

| | | | |
|---|---|---|---|
| **風が吹く** かぜがふく : 바람 부는 | **面接** めんせつ : 면접 | **スーツ** : 정장 | **ワイシャツ** : 와이셔츠 |
| **ネクタイ** : 넥타이 | **ファッション** : 패션 | **雑誌** ざっし : 잡지 | |

---

**どこでも** : 어디에서나　　**天気 てんき** : 날씨　　**誘う さそう** : 권하다　　**いってきます。** : 다녀오겠습니다.

**いってらっしゃい。** : 다녀오세요.

뉴질랜드는 자외선이 강해서 안구 보호를 위해 **サングラス**를 착용하시는 게 좋아요.

그래서? 우리 이제 어디로 가?

착 착 착

지금 저희가 있는 곳은 오클랜드 최대 **繁華街**인 <ruby>繁華街<rt>はん か がい</rt></ruby> 퀸스트리트에요.

여기서 조금만 걸어가면 오클랜드 시민들의 만남의 장소로 유명한 아오테아 광장이 나오는데,

우선 거기로.

가자, 가자!

이쪽 맞지? 너도 빨리 와~!

꺅꺅

**サングラス** : 선글라스      **繁華街** はんかがい : 번화가

오! 무슨 시장이 열렸나 봐!
おも しろ
**面白そう**!

아오테아 광장에선 매주 금, 토요일이 되면 각양각색의 물품들을 사고파는 **フリーマーケット**가 열려요.

생활용품, 중고물품뿐만 아니라 예술가들이 직접 **デザイン** 한 각종 공예품까지 구경할 수 있어요.

저기, 저기, 아저씨
ほんもの
이 팔찌 **本物の** 금으로 만든 거야?

진짜겠냐?
딱 봐도 구리에다가
たしょう
**多少の** 의 금만 입힌
싸구려 팔찌잖아.

에비!
にせ
그런 **偽の** 금팔찌 만지면 우리 애기 쇳독 올라요. 어서 내려놓고 다른 곳 구경하러 가요.

… 다신 오지 말아주세요…

죄, 죄송합니다.

후다닥

---

**面白そう!** おもしろそう! : 재미있어 보여!    **フリーマーケット** : 벼룩시장    **デザイン** : 디자인    **本物の** ほんものの : 진짜의

**多少の** たしょうの : 약간의    **偽の** にせの : 가짜의

여긴 뉴질랜드 기념품을 파는
**お土産売り場**인가 봐~

어서 오세요~

그런 것 치곤 이상한 걸
**売る**하고 있는데?
이게 뭐지?

?

킁 킁

여러분, 혹시 뉴질랜드엔
세 가지의 키위가 있다는 걸
알고 계시나요?

① 하나는 여러분도 잘 알고 있을
새콤달콤한 **果物** 키위.

또 하나는 인종 구분 없이
뉴질랜드 현지인을
칭하는 사람 키위.

②

그리고 마지막 하나는
우리나라의 국조이자
날지 못하는 **鳥** 키위랍니다.

③

이것은 그 **キウイ**들의
특징을 한데 모아 저만의 스타일로
재해석하여 만든 인형입니다.

짜란~

---

**お土産売り場** おみやげうりば : 기념품 가게      **売る** うる : 팔다      **果物** くだもの : 과일      **鳥** とり : 새

**キウイ** : 키위

おもちゃ : 장난감　　　　あんな : 저런

광장 바로 옆에 시빅 시어터라는 예술 극장이 있는데

거기서 영화뿐만 아니라 가수들의 라이브 공연, 오페라의 유령 같은 ミュージカル 또한 관람할 수 있어요. 한번 가보실래요?

아, 우리는 그런 쪽엔 별 관심이 없어서 말이야.

PASS!

시빅 시어터

오클랜드 미술관

… 저기서 오른쪽으로 가면 유명 화가들의 작품이 전시된 오클랜드 美術館(びじゅつかん)이 나와요.

거기 가서 구경하실래요?

아, 우리는 미술관이나 博物館(はくぶつかん) 같은 곳은 취향이 아니라서 말이야.

슈퍼 PASS 사용하겠습니다!

스카이 타워

… 그러면 왼쪽에 오클랜드의 명물인 328m 높이의 스카이 타워가 있는데, 그거 보러.

어서 앞장서라고~!

고우, 고우!

ミュージカル : 뮤지컬    美術館 びじゅつかん : 미술관    博物館 はくぶつかん : 박물관

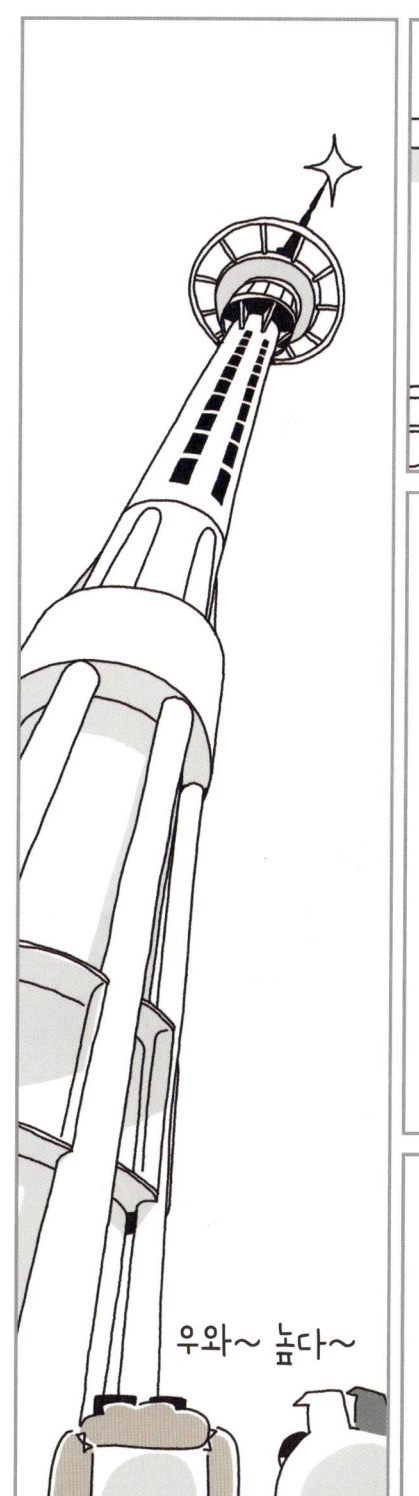

우와~ 높다~

이 스카이 타워에는 사방이 유리로 된 전망대와 한 시간마다 360도 회전하는 레스토랑 등의 즐길 거리가 있는데,

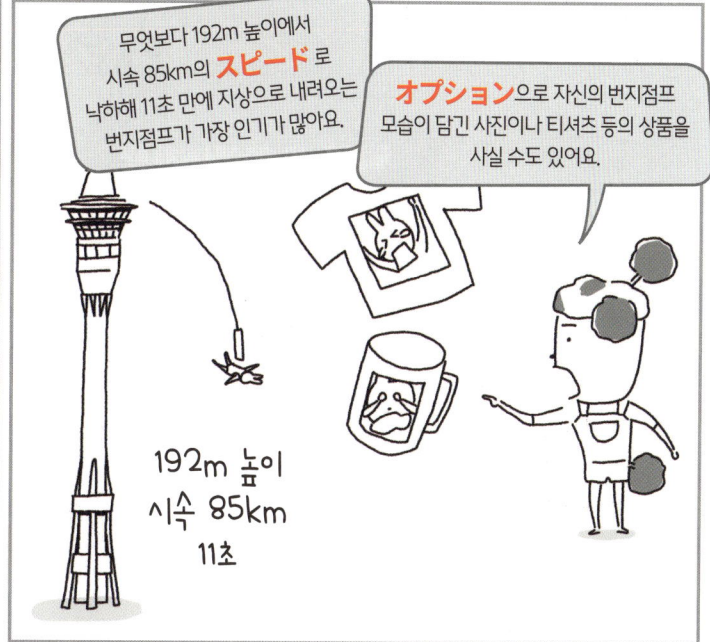

무엇보다 192m 높이에서 시속 85km의 **スピード** 로 낙하해 11초 만에 지상으로 내려오는 번지점프가 가장 인기가 많아요.

**オプション**으로 자신의 번지점프 모습이 담긴 사진이나 티셔츠 등의 상품을 사실 수도 있어요.

192m 높이
시속 85km
11초

우앙...

너 한번 해볼래?

어우, 난 고소공포증 있어서 안 돼...

---

**スピード** : 속력     **オプション** : 옵션, 선택사항

頂上 ちょうじょう : 꼭대기　　成長する せいちょうする : 성장하다　　失敗する しっぱいする : 실패하다　　試す ためす : 시도하다

指す さす : 가리키다

---

最高。さいこう。: 최고.　　　回復する かいふくする: 회복하다　　　公園 こうえん: 공원

ベンチ べんち : 벤치      新鮮な しんせんな : 신선한

주르르르르륵!

알칵

본부 나와라. 본부 나와라.
지뢰를 밟았다.
긴급사태다.
도움을 요청한다.

… 우리 **両親**, 요새
저 때문에 다투는 횟수가
부쩍 늘었어요.

りょうしん

며칠 전에는 싸우다가
**離婚** 얘기까지 나와서…
전 너무 무서워서…!

りこん

훌쩍

어… 그렇구나…
일단 눈물 좀 닦자.
자, 손수건.

고맙습니다…

크흥!

으억.

両親 りょうしん : 부모님　　　　離婚 りこん : 이혼

… 공부가 그렇게 중요한 건가요?
<ruby>大学<rt>だいがく</rt></ruby> 같은 곳을
꼭 가야 하는 건가요?

전… 사람들 앞에서 노래하는
<ruby>歌手<rt>かしゅ</rt></ruby>가 되고 싶어요.

가수는 공부를 안 해도,
대학을 안 가도 노래 실력만
출중하다면 될 수 있는 거잖아요?

그래서 전 딱히
공부의 <ruby>重要性<rt>じゅうようせい</rt></ruby>를
못 느끼겠어요.

괜히 아까운 시간만
낭비하는 것 같아요…

… 내 생각인데,
하나의 <ruby>例<rt>れい</rt></ruby>를
들어볼게?

너 서로 공을 던지고,
때리고, 베이스를 훔치는
스포츠 경기인 <ruby>野球<rt>やきゅう</rt></ruby> 알고 있지?

… 사람
무시해요?

투수가 직구를
스트라이크존 <ruby>真ん中<rt>まなか</rt></ruby>로만
계속 던지면 어떻게 될 것 같니?

어라,
혹시?

---

**大学** だいがく : 대학  **歌手** かしゅ : 가수  **重要性** じゅうようせい : 중요성  **例** れい : 예

**野球** やきゅう : 야구  **真ん中** まんなか : 가운데

그야 몇 회도 못 가서 홈썬 두들겨 맞고 마운드에서 내려지겠죠.

그렇게 안 되려면 어떻게 해야 할까?

홈런~~!

스트라이크 좀 그만 던지라고!

변화구를 섞어가며 위, 아래, **内側**<sup>うちがわ</sup>, **外側**<sup>そとがわ</sup> 골고루 뿌려야죠!

그치? 네 인생도 마찬가지야.

…**複雑**<sup>ふくざつ</sup>**な**한 말로 사람 싱숭생숭하게 만들지 말고 확실히 얘기해주실래요?

툭 쏘면서 말하는 게 딱 그 녀석이네…

그러니까…

네가 노래라는 무기 하나로 당장 가수라는 **目標**<sup>もくひょう</sup>를 이뤘다고 해도 말이야.

저 가수는 노래 정말 잘하지!

그 하나만 가지고는 얼마 지나지 않아 세상이라는 타자에게 두들겨 맞고 주저앉게 될 거란 말이야.

어제 TV 프로에 출연한 ○○○ 가수가 처참한 상식 부족으로 드러나…

TOPNEW

호주의 수도가 런던?

아무리 능력이 출중하더라도 도덕성, 사회성, 그리고 인성과

이해와 판단에 필요한 상식이 결여되어 있다면 **結果**<sup>けっか</sup>적으로 사람들에게 외면당하게 되어 있거든.

노래만…

그래, 노래만…

---

**内側** うちがわ : 안쪽　　　**外側** そとがわ : 바깥쪽　　　**複雑な** ふくざつな : 복잡한　　　**目標** もくひょう : 목표

**結果** けっか : 결과

그것들을 어려서부터 자연스럽게 습득하고 안전하게 갈고 닦을 수 있는 공간이 어딘지 알아?

바로 **学校**(がっこう)이야.

그리고 그 학교에서 얻게 되는 지식이 비록 지금은 아무짝에도 쓸모없는 것처럼 보일지 몰라도,

나중에 가보면 다양한 방면에서 알게 모르게 큰 **助け**(たす)가 되어 준단 말이지~

좁고 **真っ直ぐな**(ま す)한 길로 걸어가면 가고자 하는 목적지엔 금방 도착하겠지.

하지만 목적지에 도착했을 때 분명 **後悔する**(こうかい)하게 될 거야.

세상 물정 모르는 우물 안 개구리가 되어 있을 테니까.

**学校** がっこう : 학교    **助け** たすけ : 도움    **真っ直ぐな** まっすぐな : 곧은    **後悔する** こうかいする : 후회하다

그러니까 비록

**目的地**(もくてきち)에는 늦게 도달하더라도 넓고 구불구불한 길을 걸어가면서 이런저런 경험을 하란 말이야~

공부해서 대학에 가든, 아르바이트해서 돈을 벌든, 여행을 가서 친구를 사귀든!

내가 한 말의 **ポイント**가 뭔지 대충은 알겠지?

ZZZ

빠직

야...!

후암~ 드디어 끝났어요? 너무 **退屈な**(たいくつ)한 얘기라 깜빡 졸았네요. 죄송해요.

.........

장난이에요. 다 들었으니까 그 주먹 고이 넣어주세요.

··· 설령 아저씨 말대로 한다 해도 가장 큰 문제가 남아있어요.

아저씨...?

**目的地** もくてきち : 목적지　　　**ポイント** : 요점　　　**退屈な** たいくつな : 지루한

---

~**になる** ~になる : ~이 되다     **対話** たいわ : 대화     **歌う** うたう : 노래하다     **効果的な** こうかてきな : 효과적인

**真実** しんじつ : 진실

크… 방금 온몸에 **電気**[でんき]가 통한 것처럼 찌릿했어요…

정곡을 찔렀지?

맞아요… 아저씨 말대로 부끄러워할 일이 전혀 아니죠…

안 되겠다! 전 대중교통 중의 하나인 **バス**를 타고 지금 바로 엄마에게 가볼게요!

벌떡!!

BUS

아저씨는 언니랑 마저 놀다 오세요!

그럴래? 아, 내가 **バス停**[てい]까지 바래다줄까?

아뇨!

거치적거리니까 됐어요! 가출한 영혼이나 어서 데려오세요!

그래 부모님과의 관계든 너의 장래든, **どちら**든 간에 잘 해결됐으면 좋겠다!

응! 고마워요, 아저씨~!!

ㅋㅋ 굿 럭!

굿 럭!

… 너희 무슨 청춘드라마 찍고 있니…?

우린 보이지도 않나 봐. 아까부터 있었는데…

---

**電気** でんき : 전기　　　　**バス** : 버스　　　　**バス停** ばすてい : 버스 정류장　　　　**どちら** : 어느 쪽

お世話になりました。 おせわになりました。 : 신세를 졌습니다.　　　良かったね。 よかったね。 : 잘된 일이네.　　　おかげさまで。 : 덕분에요.

交換する こうかんする : 교환하다　　　じゃあね! : 잘 가!　　　またね。 : 또 보자.

저 성공하면
아저씨 덕이라고
인터뷰할게요‼

ㅎㅎㅎ

녀석…
우리가 안 보일 때까지
손이나 흔들고 말이야~
참 귀여웠어~

어제 일 가지고
언제까지 실실대고
있을 거야?

네 친구 지금
<ruby>船<rt>ふね</rt></ruby> 멀미하는 거 안 보여?
등이라도 두들겨 주라고!

욱….
우욱…‼

그래… 그래…
괜찮냐…

토닥토닥

… 응?-어라?
**あの** 사람은
이탈리아행 비행기에서
봤던 아저씨잖아!?

중얼중얼

끄적끄적

아저씨~! 엄청난 우연이네요~!
여기서 뭐하고 계세요~?

응…? 헉‼
너, 너희가 어떻게 여기에‼?

뭔가 불길한
예감이…‼

… 보다시피
글을 쓰고 있단다.
아저씨 직업이 <ruby>作家<rt>さっか</rt></ruby>거든.

아하~ 그런데
시대에 뒤떨어지게
<ruby>紙<rt>かみ</rt></ruby>에다가 쓰고 계시네요?

---

**船** ふね : 배     **あの** : 저     **作家** さっか : 작가     **紙** かみ : 종이

이 멍청이개! 눈치도 없냐!
**ノートパソコン**을 살 돈이 없어서
그런 거잖아!

핫! 그렇구나! 하긴…
작가는 입에 풀칠하며 살 정도로
まず
**貧しい**한 직업이라고들 하니까…

그런 거
아니거든!

… 아이디어가 안 떠오를 땐
이렇게 **ペン**을 굴려 가며 써줘야
그나마 생각이 열려서 그렇단다…

아~ 아저씨
지금 좋은 **アイデア**가
안 떠올라서 고생 중이시구나~

흠…

아저씨가 쓰고 계신 작품
よ
잠깐 **読む**해봐도 돼요?
제가 좀 도와드릴게요!

그, 그럴래?

너 이제 보니
착한 아이였구나?
자, 여기 있다.

… 봄, 여름, あき**秋**, 겨울……
공장장 폭행죄로 외딴섬에 있는 감옥에 투옥되고
き せつ
**季節**가 몇 번이나 돌았는지도 모를 무렵,

마침내 그에게
탈출의 기회가 찾아왔다.

섬의 절벽에 자라있는 잡초를
と のぞ
**取り除く**하고 있을 때
간수가 잠시 한눈을 팔았던 것이다.

---

**ノートパソコン** : 휴대용 컴퓨터    **貧しい** まずしい : 가난한    **ペン** : 펜    **アイデア** : 발상, 아이디어

**読む** よむ : 읽다    **秋** あき : 가을    **季節** きせつ : 계절    **取り除く** とりのぞく : 제거하다

그 찰나를 놓치지 않은 그는
뒤도 돌아보지 않고 철조망을 뛰어넘어
바다로 입수했고,

거, 거기
서라!!

곧이어 저 멀리 보이는 수평선을 향해 힘껏 **泳ぐ** 해갔다.

およ

앞길이 어떻게 될지는 신경 안 써!
지금은 단지 이 **自由な** 한 기분을 만끽할 뿐이야!

じ ゆう

그렇게 생각했던 것도 잠시… 힘이 다해버린 그는
결국 바다의 흐름에 제 몸을 맡겼다.

망망대해에서의 자포자기란
**죽음을 意味する** 한다는 건
알고 있었지만 어쩔 도리가 없었다.

い み

아… 그 공장장 녀석이
**富裕な** 한 집안의 셋째 아들이란 걸
알았으면 절대로 건드리지 않았을 텐데…!

ふ ゆう

돈이란 것의 무서움을 새삼 느끼며
다가오는 죽음을 서서히 맞아들이려 할 때!

저, 저건? …
틀림없어!
**陸地**야!
얏호! 난 살았다!

りくち

---

**泳ぐ** およぐ : 헤엄치다　　**自由な** じゆうな : 자유로운　　**意味する** いみする : 의미하다　　**富裕な** ふゆうな : 부유한

**陸地** りくち : 육지

그는 최후의 힘을 쥐어짜 내어
저 멀리 보이는 육지를 향해 헤엄쳤고,

간신히 육지에 着く 했을 때
그는 벌어지는 입을 다물 수가 없었다......

그곳은 그 옛날 전설의 해적이
集める한 수천 가지의 보물이
쌓여있는 보물섬이었던 것이다!

어, 어때? 다 읽어봤니?
그 뒤로 어떻게 진행해야 할지
전혀 모르겠어…

죄송해요.
저로서도 잘
分かりません…

아, 맞다!

야, 네가 한번 읽어봐!
너 겉보기와는 다르게 책 많이 읽는
読書광이잖아!

어, 어이! 지금의 애한테
글자를 읽게 하면…!

우웁…

着く つく : 도착하다    集める あつめる : 모으다    分かりません。 わかりません。 : 모르겠어요.    読書 どくしょ : 독서

# 뷔에에에에에에엑~!!

뿌뿌우~

......

아, 도착했나 보다.
내리자?

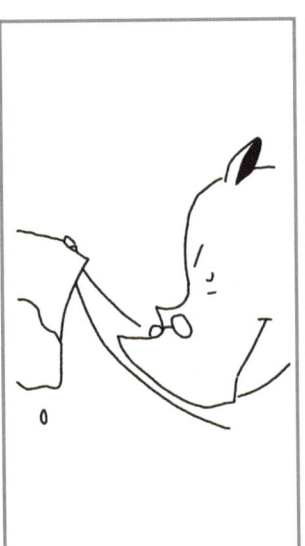

내가 큰 착각을
할 뻔했네…
착한 아이…?

---

**悪い** わるい : 나쁜     **自動車** じどうしゃ : 자동차     **運転する** うんてんする : 운전하다

運転免許証 うんてんめんきょしょう : 운전면허증　　　**トランク** : 짐칸, 트렁크　　　運転手 うんてんしゅ : 운전사

왼쪽을 봐도 자연...
오른쪽을 봐도 자연...

뭐랄까, 오클랜드 같은 대도시에 있다가 여기로 오니까 꼭 **田舎**로 내려온 것만 같네.

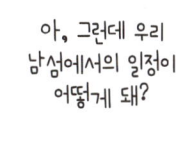

아, 그런데 우리 남섬에서의 일정이 어떻게 돼?

우선 남섬의 3대 빙하호수 중의 하나인 테카포 **湖**를 보러 갈 거야.

빙하에 깎인 암석의 분말이 호수에 녹아 있어서 우유를 섞은 듯한 푸른 **色**를 띠고 있대~

호오!
그리고 나서?

모에라키 볼더스 **海辺**로 가서 모래사장 위에 있는 둥근 바윗덩어리들을 보러 갈 거야.

**大きさ**가 공룡알만큼이나 큰데 그중에는 7톤이나 되는 무게에 높이가 2m까지 오는 것도 있대.

약 6천 5백만 년 전에 만들어진 방해석 결정체라고 하는데, 그런 건 어려워서 잘 모르겠고 사진이나 팡팡 찍자~

---

**田舎** いなか : 시골  **湖** みずうみ : 호수  **色** いろ : 색깔  **海辺** うみべ : 해변

**大きさ** おおきさ : 크기

오회!
**それからは?**

... 밀퍼드 사운드라는 피오르(협만)로 가서 유람선을 탈 거야.

반지의 제왕 촬영지로 잘 알려져 있는데 다 필요 없고
たに
**谷**에서 쏟아지는 스털링이라는 이름의 폭포수를 맞으면 주름이 펴질 정도로 젊어진다는 속설이 있거든~

그래, 잘 생각했다. 넌 좀 심하게 맞을 필요가 있어.

뭐래... 죽고 싶냐?

가서 아예 샤워를 해!

그보다 조용히 좀 해!
きり
**霧**가 너무 많이 껴서 운전에 집중 안 하면 위험하단 말이야!

헐! 갑자기 뭐야, 이 안개는!?
まえ
**前**가 안 보일 지경이잖아!!!?

뿡!

ㅋㅋㅋㅋㅋㅋㅋㅋㅋㅋ
아ㅋㅋ
진짜 ㅋㅋㅋ
ㅋㅋ
ㅋㅋㅋㅋ
심각한 상황에 뭐 하는 거야!

---

**それからは?** : 그리고는?  **谷** たに : 계곡  **霧** きり : 안개  **前** まえ : 앞

미, 미안. 배에 **ガス**가 가득 차 있었거든.

그리고 더 미안한데… 나 똥 마려워…!

... 진짜 가지가지 한다...

어쩐지 냄새가 똥 방귀더라! ㅋㅋㅋㅋ

조금만 더 가면 **村**(むら)가 하나 나오니까 거기 가서 볼일 봐.

응? 아이고, 자동차 **油**(あぶら)가 다 떨어져 가네.

뻥뽕뻥뽕

마침 잘됐다. **ガソリンスタンド**에서 내가 붕붕이한테 밥 주는 사이 넌 화장실 갔다 와.

그리고 나서 우리도 밥 좀 **食べよう**(た).

으큭!

---

**ガス** : 가스 **村**(むら) : 마을 **油**(あぶら) : 기름 **ガソリンスタンド** : 주유소

**食べよう**(たべよう)。: 먹자.

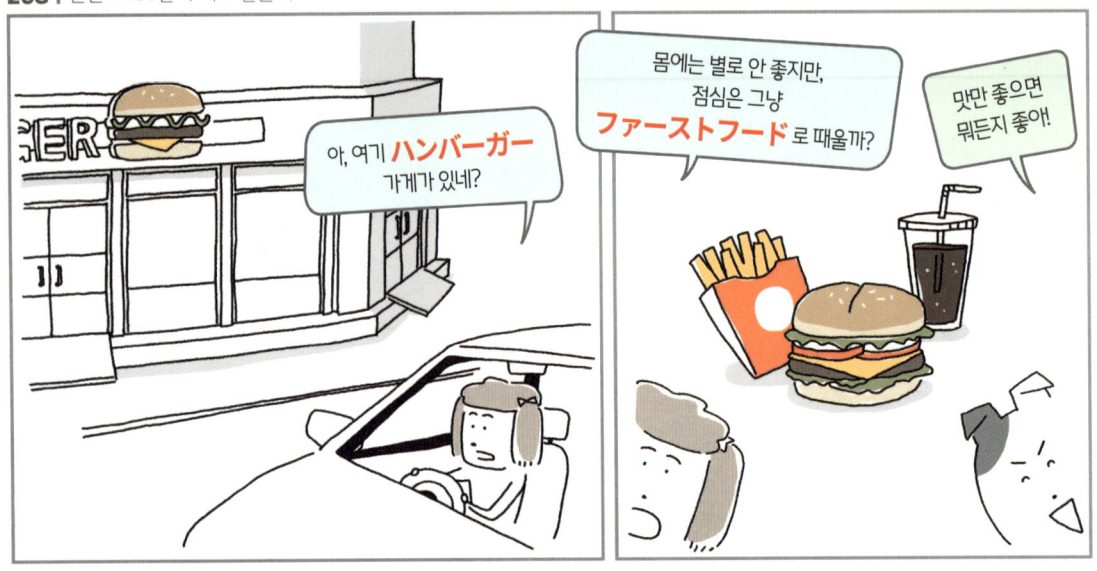

ハンバーガー : 햄버거　　　　ファーストフード : 패스트푸드　　　　駐車 ちゅうしゃ : 주차　　　　ランチタイム : 점심시간

チーズ : 치즈　　　　フライドポテト : 감자튀김

---

**コーラ** : 콜라       **麺** めん : 국수, 면       **お代わり** おかわり : 리필       **何だ?** なんだ? : 무슨 일이야?

**週** しゅう : 주

… 氷 (こおり) 좀 그만 씹어 먹지? 신경질 나려고 하니까.

끄덕끄덕!!

………

… 안 되겠다. 예정 변경이야.

내 황금 같은 휴가를 이런 곳에서 浪費する (ろうひ) 할 순 없지…

다른 나라로 떠나자!!

푸흡!! 또!? 이번엔 어디로 갈 건데!!

…너 쌀국수 먹고 싶다며?

行こう (い)! 동남아에 위치한 미식의 나라! 베트남으로!!

---

氷 こおり : 얼음          浪費する ろうひする : 허비하다          行こう! いこう! : 가자!

# 07 두 가지 형용사

## い 형용사

일본어의 일반적인 형용사는 모두 い이로 끝납니다.
그러므로 일반적인 형용사를 い이형용사라고 부릅니다.
い이 형용사는 명사 앞에 놓여 명사를 꾸며줍니다.

| 더운 | 계절 | 추운 | 계절 | 따뜻한 | 계절 | 시원한 | 계절 |
|---|---|---|---|---|---|---|---|
| 暑い | 季節 | 寒い | 季節 | 暖かい | 季節 | 涼しい | 季節 |
| 아츠이 | 키세츠 | 사무이 | 키세츠 | 아타타카이 | 키세츠 | 스즈시이 | 키세츠 |

---

**Check Point** 형용사와 명사는 한끝 차이

い 형용사는 뒤에 い 대신 さ로 바꾸면 명사가 됩니다.

| 高い | 타카이 | 높다 | → | 高さ | 타카사 | 높이 |
|---|---|---|---|---|---|---|
| 長い | 나가이 | 길다 | → | 長さ | 나가사 | 길이 |
| 暑い | 아츠이 | 덥다 | → | 暑さ | 아츠사 | 더움 |
| 寒い | 사무이 | 춥다 | → | 寒さ | 사무사 | 추움 |

---

## な 형용사

그렇다면 な나형용사란 무엇일까요?
초기 일본어에는 형용사의 수가 많지 않았습니다.
그래서 일본어 사용자들은 자유롭게 형용사를 사용할 수 없었습니다.
그러던 중 일본어 사용자들은 형용사적인 의미의 명사들을 대거 발견하게 됩니다.

명사
┌─ 그냥 명사
│     형용사적 명사를 제외한 모든 명사.
│     딱 봐도 형용사 같은 느낌이 없다.
│     **Ex** 학생, 경찰, 자동차, 집 등…
│
└─ 형용사적 명사
      성질이나 상태를 나타내는 명사.
      딱 봐도 형용사 같은 느낌이 있다.
      **Ex** 친절, 유명, 편리, 건강, 예쁨 등…

일본어 사용자들은 이 형용사적 명사를 변형해 형용사를 만들어냈습니다.
그리고 여러 과정을 거친 끝에 한 가지 약속을 하게 됩니다.
형용사적 명사를 형용사로 사용할 때는 명사 뒤에 な를 붙여주자는 것이었죠.

형용사적인 명사 ＋ な =  " な 형용사 "

따라서 성질이나 상태를 나타내는 명사 뒤에
な를 붙이는 아주 간단한 방법으로, 수많은 형용사가 만들어졌습니다.

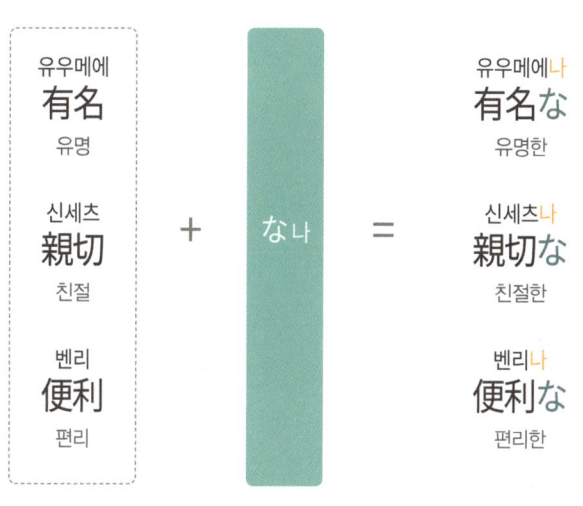

| 유우메에 | | 유우메에な |
| 有名 | | 有名な |
| 유명 | | 유명한 |
| 신세츠 | ＋ な ＝ | 신세츠な |
| 親切 | | 親切な |
| 친절 | | 친절한 |
| 벤리 | | 벤리な |
| 便利 | | 便利な |
| 편리 | | 편리한 |

뒤에 **な** 만 붙이면
형용사가 된다니!
정말 간단하지?

6장

먹고 살 수 있잖아?
요리 못해도

아… 더워!!

그러고 보니 베트남의 호찌민은 연평균 기온이 30도에 육박하는 **夏**날씨였지…

… 여자들은 좋겠다… 그런 하늘하늘한 **ワンピース**같은 옷도 입을 수 있고…

그에 비해 남자들은 이런 **半ズボン**밖에 의지할 아이템이 없다고…

나까지 축축 처지니까 불평 좀 그만해…

우왜! 도로 위에 **の** 오토바이를 **乗る**하고 다니는 사람들 짱 많아!

夏 なつ : 여름    ワンピース : 원피스    半ズボン はんずぼん : 반바지    乗る のる : 타다

후훗, 베트남의 주요 교통수단이 **オートバイ**라서 그래~

비타민 같은 녀석~^^

낮은 국민 소득과 높은 관세 때문에 부자가 아닌 이상 차를 사기 힘들거니와

우리가 출퇴근할 때 자주 이용하는 버스나 **地下鉄** 같은 대중교통이 별로 발달하지 않았거든.

그렇구나… 근데 우리 지금 누구 기다려…? 빨리 어디든 가서 밥 먹자…

아, 말 안 했나?

베트남 요리 교실 신청했어~ 우리가 **直接に** 베트남 요리해 먹을 거야~

뭐 인마? 내가 언제 **料理する** 해 먹고 싶댔어? 난 그냥 배만 채우면 된다고!

이번 기회에 베트남 요리에 대해서 **学ぶ**하고!

그걸로 배도 채우고! 일석이조잖아~

저기요~

---

**オートバイ** : 오토바이　　**地下鉄** ちかてつ : 지하철　　**直接に** ちょくせつに : 직접　　**料理する** りょうりする : 요리하다

**学ぶ** まなぶ : 배우다

요리 교실 신청하셨죠?

제가 바로 여러분에게 요리를 가르쳐드릴 강사, 말리사라고 합니다.

만나서 반갑습니다. 오늘 하루 どうぞよろしくお願いします~

아뇨 아뇨, こちらこそよろしくお願いします~

그럼 지금 즉시 식자재를 사러 市場로 가실까요? 이쪽입니다.

저희 교실은 식자재 선별부터...

시장에 도착했습니다~!

---

**どうぞよろしくお願いします。** どうぞよろしくおねがいします。 : 잘 부탁드립니다.

**こちらこそよろしくお願いします。** こちらこそよろしくおねがいします。 : 저야말로 잘 부탁드립니다.

**市場** いちば : 시장

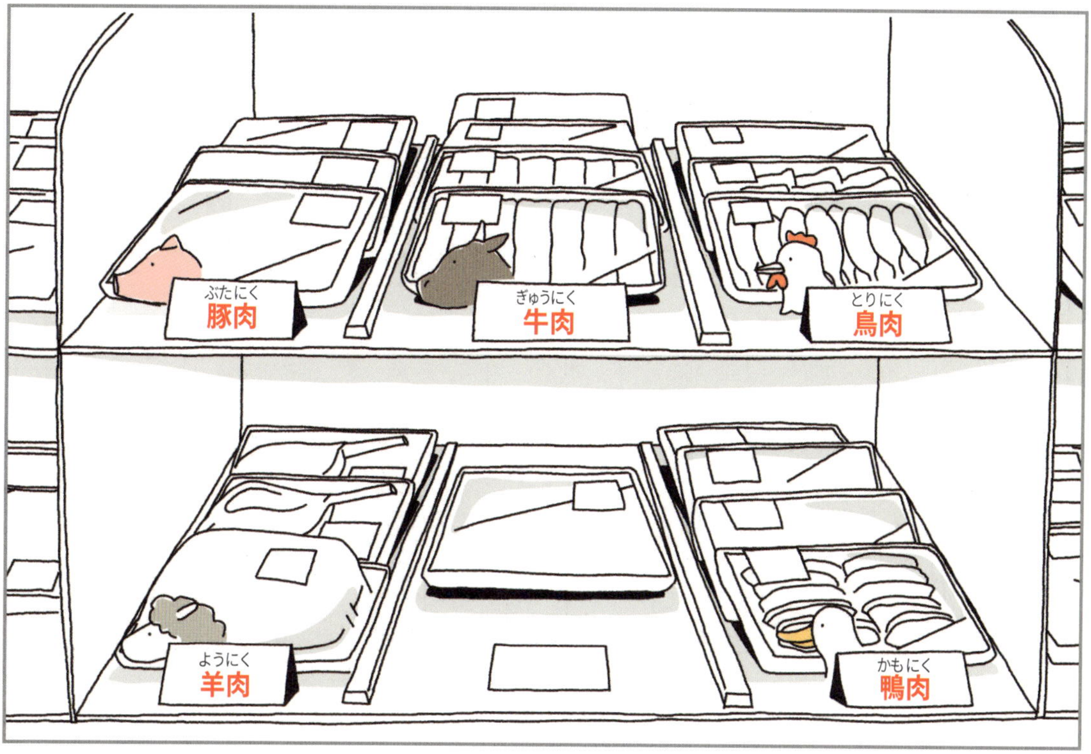

| | | | |
|---|---|---|---|
| ぶたにく<br>**豚肉** | ぎゅうにく<br>**牛肉** | | とりにく<br>**鳥肉** |
| ようにく<br>**羊肉** | | | かもにく<br>**鴨肉** |

---

**豚肉** ぶたにく : 돼지고기　　**牛肉** ぎゅうにく : 소고기　　**鳥肉** とりにく : 닭고기　　**羊肉** ようにく : 양고기

**鴨肉** かもにく : 오리고기

요리에 풍미를 더해줄 양념 및 **ソース**도 빼놓을 수 없겠죠?

마침 바로 옆에 있네요.

어서 오세요~

| マヨネーズ | しょうゆ 醤油 | す 酢 | ワサビ | ラーユ | みそ 味噌 | ケチャップ |
|---|---|---|---|---|---|---|
| 마요네즈 | 간장 | 식초 | 와사비 | 고추기름 | (일본식) 된장 | 케첩 |

| ごまだ 胡麻垂れ | マスタードソース | チリソース | オイスターソース | バーベキューソース | て や 照り焼きソース | タルタルソース |
|---|---|---|---|---|---|---|
| 깨 소스 | 머스타드 소스 | 칠리소스 | 굴 소스 | 바비큐 소스 | 데리야키 소스 | 타르타르 소스 |

우와 양념 무지 많네.

뭘 고를지 선택 장애 온다.

**ソース** : 소스

식자재 구매를 마쳤으니
요리 학원으로 가겠습니다.
저를 **付いて来てください**.

여기서 멀지 않은 곳에
교실이 있으니 좀 더 힘내세요!

헉..

헉..

고생하셨어요.
그럼 수업을 **始めましょう**.

수북수북

그 전에, 여러분을 위해
**エプロン**와 위생모를 준비했습니다.
하나씩 착용해 주세요.

네~!

여러분은 왜 요리를
배우려고 하시나요?

네? 그야
점심 때우려고...

퍽!

호호, 당연히
미래를 위해서죠~!

훌륭한 선택이에요.
요리는 자신을 위해서도,
가족을 위해서도 좋은 일이죠.

**付いて来てください**。ついてきてください。: 따라와 주세요.    **始めましょう**。はじめましょう。: 시작하죠.    **エプロン** : 앞치마

결혼 전에 배워두면 배우자가 될 사람에게 어필할 수도 있고 말이에요.

요새는 요리도 결혼 스펙 중 하나로 보는 시선이 늘어 요리 교실도 활기를 띠고 있답니다.

하하, 네. 근데 수업은 언제…

그런 트렌드에 맞춰 우리 학원도…

저기! 요리할 때 쓰는 도구들은 어디에 있나요?

아, 벽 쪽에 있습니다.

음식을 집는 **トング** 는 왼쪽에,
국물을 뜰 때 쓰는 **お玉** 는 가운데,
부침을 뒤집는 **フライ返し** 는
오른쪽에 있습니다.

여러분은 베트남 음식에 대해 얼마나 알고 있나요?

이야기가 딴 길로 샜네요.

음…

쌀국수?

소나 닭으로 낸 국물에 쌀로 만든 면과 파와 숙주, 고수를 넣어 먹는 거요!

호호, 잘 알고 계시네요.

---

**トング** : 집게          **お玉** おたま : 국자          **フライ返し** ふらいがえし : 뒤집개

베트남의 음식은 매우 다양합니다.

여러분이 잘 알고 있는 퍼(Phở), 그러니까 쌀국수만 있는 게 아닙니다.

밀과 米로 반죽해 만든 바게트에 다양한 재료를 넣어 먹는 베트남식 샌드위치, 바인미(Banh Mi)

쌀가루 반죽에 다양한 재료를 넣어 크레이프처럼 얇게 부친 베트남식 焼き요리, 바인쌔오(Banh Xeo)

라이스 페이퍼에 다양한 재료를 넣어 돌돌 만 다음 튀긴 베트남식 揚げ요리, 넴쟌(Nem Ran)

고기, 또는 해산물을 국수와 함께 볶아 먹는 炒め국수, 미싸오(Mi Xao)

米 こめ : 쌀          焼き やき : 부침, 구이          揚げ あげ : 튀김          いため いため : 볶음

쌀가루를 작은 접시에 담아
찐 다음, 고명을 얹어 특제소스와 함께 먹는
煮込み 요리, 바인베오(banh beo)

다진 돼지고기를
꼬치에 꽂아 숯불에 구워 먹는
베트남식 돼지고기 꼬치 焼き,
넴느엉(Nem Nuong)

노른자와 연유가 들어가 있어
달콤하고 부드러운 卵 커피,
카페쯩(Caphe Trung)

코코넛 주스, 또는 각종 소스를
뚝배기에 넣고 생선과 함께 조린
베트남식 생선 煮付け,
까코또(Ca kho to)

부화 직전의 오리알을
삶은 茹で요리,
쫑빗론(Trung Vit Lon)

---

**煮込み** にこみ : 찜　　　　**焼き** やき : 구이, 부침　　　　**煮付け** につけ : 조림　　　　**茹で** ゆで : 삶음

**卵** たまご : 계란

---

湯がく ゆがく : 데치다　　　　和え あえ : 무침　　　　皆さん みなさん : 여러분

酸っぱい すっぱい : 신맛의    甘い あまい : 단맛의    辛い からい : 매운맛의    塩っぱい しょっぱい : 짠맛의

苦い にがい : 쓴맛의

---

... 이게 뭐냐면,

벌들이 벌집 속에 모아 두는 달콤한 액체인 蜂蜜(はちみつ) 알고 계시죠?

그것을 투명한 瓶(びん)에 담고 식재를 넣어 오랫동안 푹 절인 것입니다.

한 마디로 벌꿀 절임인 거죠.

세 가지 종류가 있으니 한 사람당 한 병씩 가져가 주세요.

梅(うめ)

柚子(ゆず)

ナッツ

고맙습니다~!

그럼... 안녕히 계세요~!

후다닥

... 당신들만 나타나면 죄다 도망쳐버리네...

요리 教室(きょうしつ) 그만둘까...?

토닥토닥

---

**蜂蜜** はちみつ : 벌꿀　　　**瓶** びん : 병　　　**梅** うめ : 매실　　　**柚子** ゆず : 유자

**ナッツ** : 견과류　　　**教室** きょうしつ : 교실

---

**ショッピング** : 쇼핑　　　**デパート** : 백화점　　　**化粧品**けしょうひん : 화장품　　　**サンプル** : 표본, 샘플

**もちろんです。** : 물론이죠.　　　**割引**わりびき : 할인

---

**品目** ひんもく : 품목　　**半額** はんがく : 반값　　**案内デスク** あんないですく : 안내데스크　　**案内人** あんないにん : 안내원

**有る** ある : 있다(무생물)　　**エスカレーター** : 에스컬레이터

**ショッピングバッグ** : 쇼핑백          **ショッピングセンタ** : 쇼핑센터

오~ 이 **ティーシャツ** 귀여운데?

여기는 괜찮은 옷들이 꽤 있네!

나 하나 사주라!

그러까~

그거 알아? 패션에서 중요한 건 색의 조화야.

그 조화를 이루어내기 위해선 각각의 색이 주는 느낌을 알아야 해.

~♬

**ティーシャツ** : 티셔츠

中立, 위엄을 상징하는 **灰色**(はいいろ) 는 사람들의 주목을 받아야 하는 자리에선 기피해야 해.

순수, 정직, 깨끗함을 상징하는 **白**(しろ) 는 주변 색에 따라 다른 느낌을 주는 카멜레온 같은 녀석이야.

엄숙, 세련, 권위를 상징하는 **黒**(くろ) 는 예술적이며 자기 의사가 뚜렷한 경향이 있어.

자신감, 정열, 용기를 상징하는 **赤**(あか) 는 강인한 인상을 주거나 섹시한 이미지를 연출하고 싶을 때 좋아.

쾌활함, 낙천적, 사교성을 나타내는 **オレンジ** 는 활동적인 느낌이 강한 만큼 캐주얼한 느낌을 연출할 때 좋아.

명랑, 희망, 기쁨을 나타내는 **黄色**(きいろ) 는 자칫 뚱뚱해 보일 수도 있으니까 조심해야 해.

| | | | |
|---|---|---|---|
| **灰色** はいいろ : 회색 | **白** しろ : 흰색 | **黒** くろ : 검은색 | **赤** あか : 빨간색 |
| **オレンジ** : 주황색 | **黄色** きいろ : 노란색 | | |

안정, 편안함, 따뜻함을 상징하는 **茶色**〔ちゃいろ〕는 오래된 멋스러움을 연출할 때 좋지.

귀여움을 상징하는 **ピンク** 는 사랑스러움을 연출하고 싶을 때 좋은 아이템이야.

품위, 고귀함을 상징하는 **紫**〔むらさき〕 는 상대방에게 고귀한 이미지를 주지만 동시에 우울감도 줄 수 있기 때문에 조심해야 해.

단정함, 모던함을 상징하는 **ネイビー** 는 무난한 느낌으로 사계절 내내 사랑받는 아이템이야.

평화, 안정, 자연을 상징하는 **緑**〔みどり〕 는 상대방에게 심리적으로 평온함을 느끼게 해주는 녀석이야.

지혜, 성실, 신뢰를 상징하는 **青**〔あお〕 는 면접을 보거나 비즈니스 관련 거래를 할 때 유용해.

**茶色** ちゃいろ : 갈색 　　**ピンク** : 분홍색 　　**紫** むらさき : 보라색 　　**ネイビー** : 남색

**緑** みどり : 초록색 　　**青** あお : 파란색

... 너 자꾸 패션, 패션 하는데 그렇게 자신 있으면 누가 더 옷 잘 입나 대결해볼래?

서로 옷 갈아입고 나와서 매장 직원한테 点数(てんすう) 매겨 달라고 하자.

좋아!-바로-고고! 홋, 이탈리아에서 못 낸 승부를 오늘에서야 낼 수 있겠군!

이 녀석들이 질리지도 않고 또...

어떠냐!

촥!

쉐시함과

빨간색 미니 **スカート** 위로

커다란 분홍색 리본이 달린 **ブラウス** 를 매치하여

귀여움 두 마리 토끼를 모두 잡으면서

클레오파트라를 연상시키는 화려한 **ネックレス** 와

**イヤリング** 를 목과 귀에 걸침으로써 우아함까지 겸비했지!

그와 함께 메탈 소재의 손목 **時計(とけい)** 를 착용함으로써 지적인 느낌을 어필했어!

---

**点数**てんすう : 점수　　　**スカート** : 치마, 스커트　　　**ブラウス** : 블라우스　　　**ネックレス** : 목걸이

**イヤリング** : 귀걸이　　　**時計**とけい : 시계

나로 말할 것 같으면!

촥!

갈기갈기 찢어진 데미지 **ジーンズ** 위로

샤방샤방한 꽃무늬 **シャツ**를 입음으로써

고난 속에서도

행복은 피어난다는

메시지를 세상에 전파함과 동시에

영화 탑건의 톰 크루즈를 연상시키는 항공 **ジャケット**를 어깨에 스리슬쩍 걸치고

목에는 퀴퀴한 빈티지함이 묻어나오는 갈색 **スカーフ**를,

팔에는 초록색 큐빅이 박힌 가죽 **ブレスレット**를 장식함으로써

복고풍에서 뿜어져 나오는 멋스러움과 안정감을 두루 선보였다고!

헉..

하..

**ジーンズ** : 청바지　　　**シャツ** : 셔츠　　　**ジャケット** : 재킷　　　**スカーフ** : 스카프

**ブレスレット** : 팔찌

感覚 かんかく : 감각　　女性 じょせい : 여성　　アクセサリー : 장신구　　男性 だんせい : 남성

飲む のむ : 마시다

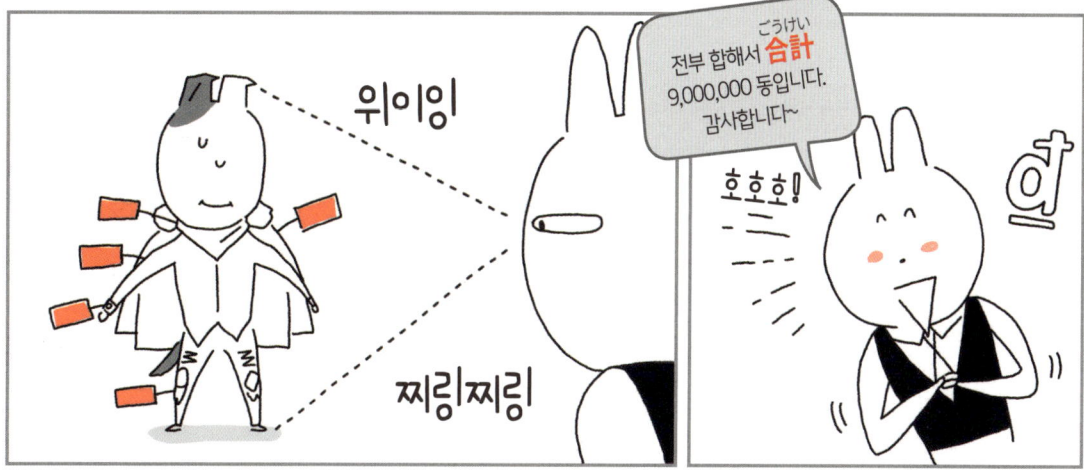

店 みせ : 상점          買う かう : 사다          いくらですか? : 얼마입니까?          合計 ごうけい : 합계

| | | |
|---|---|---|
| **リンゴ**<br>사과 | **スイカ**<br>수박 | **ナシ**<br>배 |
| **バナナ**<br>바나나 | <sup>いちご</sup>**苺**<br>딸기 | <sup>みかん</sup>**蜜柑**<br>귤 |
| **オレンジ**<br>오렌지 | **ブドウ**<br>포도 | **グレープフルーツ**<br>자몽 |
| **パイナップル**<br>파인애플 | <sup>もも</sup>**桃**<br>복숭아 | **チェリー**<br>체리 |
| **メロン**<br>멜론 | **マンゴ**<br>망고 | **レモン**<br>레몬 |
| | <sup>かき</sup>**柿**<br>감 | |

---

**ちくしょう!** ちくしょう! : 젠장!　　**ミックス** : 혼합　　**少ない** すくない : 적은

딸기 70%, 바나나 30% 정도면 될까요?

아뇨, 그것보다
すく
**より少ない** 한 비율로 넣어주세요. 한 5% 정도로!

그럴 거면
**그냥 딸기를 먹어...!**

후우...

시원한 과일 주스를 마셔도,
せんぷうき
**扇風機** 바람을 쐐도
도무지 열이 식지를 않네!

뼛속까지 시린 곳으로 가서
이 열기를 가라앉히고 싶구나!

어, 어!
이, 이 패턴은!

그럼 가자?
세계에서 가장 영토가
ひろ
**広い** 한 국가이자
최저 기온이 -70도까지
떨어진 적이 있는 나라,

**러시아로!!!**

여, 역시~~!!!!

... 그래?

---

**より少ない** よりすくない : 더 적은    **扇風機** せんぷうき : 선풍기    **広い** ひろい : 넓은

# 08 형용사의 두 위치

지금까지는 명사를 꾸미는 형용사에 대해 배웠습니다.
다음 페이지에서는 형용사가 술어 역할을 하는 경우를 살펴보겠습니다.
형용사는 다음 2가지 역할을 합니다.

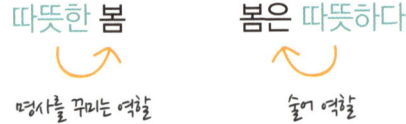

な나형용사 역시 2가지 역할을 합니다.
첫 번째 역할은 앞에서 배운 바와 같이 **명사를 수식하는 것**입니다.

두 번째 역할은 문장의 끝에서 **서술어**로 사용되는 것입니다.

な나형용사는 명사를 수식할 때는 な나로 끝나고
서술어로 사용할 때는 だ다로 끝납니다.

# 09 명사 기본 문형

여기서 사용된 だ다는
일본어의 기본 문형인 명사 + だ다와 똑같은 형태입니다.

일본어에서 명사와 결합하는 기본 긍정표현과 부정표현을 비교해보겠습니다.
긍정표현 또한 뉘앙스에 따라서 다르게 표현할 수 있습니다.

**긍정표현**

부정표현을 만들 때는 では데와같은 조사로 명사와 부정표현을 연결해줍니다.
이때, 좀 더 가벼운 뉘앙스로, 일상 회화에서는 じゃ쟈를 주로 씁니다.

**부정표현**

# 7장

열차는 사랑을 싣고

---

雪 ゆき : 눈 　　　　薄い うすい : 얇은 　　　　厚い あつい : 두꺼운 　　　　コート : 코트

暖める あたためる : 데우다 　　　　ウォッカ : 보드카

러시아에서는 야간에 보드카 및 각종 주류의 **販売** 를 법적으로 금지하고 있어.
<sup>はんばい</sup>

어쩌라고?
지금은 대낮인데
뭔 상관이야!!

근데 **왜??**

춥다고 계속 마시다가 길거리에서 잠들어서 동사하는 일들이 종종 발생하거든.

아이고, 귀찮다.
그냥 여기서 자야지.

싸늘한 시체로
발견

그, 그냥 가던
길이나 가자…

쩌저적

러시아의 추위,
**怖い**…!
<sup>こわ</sup>

… 으으, 손가락이
깨질 것 같아…

주머니도
얼음장이야…

너 손에 끼고 있는
**手袋** 하.. 한 짝만.
<sup>て ぶくろ</sup>

어딜 감히!!

!탁!

아, 깨졌다.

---

**販売** はんばい : 판매　　　　**怖い**。 こわい。: 무섭다.　　　　**手袋** てぶくろ : 장갑

---

**室外の** しつがいの : 실외의     **暖かい** あたたかい : 따뜻한     **駅** えき : 정거장, 역     **列車** れっしゃ : 열차

---

切符 きっぷ : 표　　　長い ながい : 긴　　　首都 しゅと : 수도　　　室内の しつないの : 실내의

여기서 우리는 삼등석 칸에 있는 4인실로 자리 잡은 거야~

1층의 두 자리는 우리가 사용하고,

2층의 남은 두 자리는 **おそらく** 이번에 탑승하는 승객 중에…

어, 저기 오네~

헉!

너희들은…!

어라!? 아저씨!!

덜커덩 덜커덩

이야~ 이쯤 되면 우연을 가장한 필연이네요!

근데 아저씨는 어디 가시는 길이에요?

… 작가 일 **やめる** 하고 고향으로 가는 중이란다.

네!?

**おそらく** : 아마도          **やめる** : 그만두다

---

| | | | |
|---|---|---|---|
| **感じる** かんじる : 느끼다 | **婚約** こんやく : 약혼 | **貸す** かす : 임대하다, 빌리다 | **有益な** ゆうえきな : 유익한 |
| **前の** まえの : 이전의 | **元気出してください!** げんきだしてください! : 기운 내요! | | |

다음 역은 하바롭스크입니다.

... 안 되겠다! 우리 **次の** 역에 정차하면 내려서 술 마셔요!

야야...

진정해. 중도 하차하면 티켓 다시 사야 해!

지금 그게 중요해!?

중요하지, 인마! 티켓 한 장에 몇 루블인 줄 알아!?

얼만데?

그게 말이지...

소곤소곤

흐에에에~?!

끼이익~

푸슈욱~

때마침 정차했나 보네!

아저씨, 짐 챙겨요! 우리 나가서 **パブ** 로 가요!

次の つぎの : 다음의          パブ : 맥줏집(호프)

들어가자마자 아저씬
生ビール 20,000cc를
그대로 들이부으세요!

어떻게?
한방에 一気飲み!

전 병따개로
瓶ビール 따면서
천천히 마실게요!

캬~!!

··· 미안하지만
그럴 순 없단다···

아저씨...

휴,

역시 아저씨는
상식이 박혀있는
사람이라니깐!

난 맥주를
안 좋아한단다.

우당탕

멕시코 고유의 술인
독한 テキーラ 를 좋아해.

ㅋㅋㅋ-진작에 -말씀하시지!!
그러면 맥줏집 말고
バー 로 가요!

아저씬
데킬라!

난 스코틀랜드의
전통 증류주인
스카치 ウィスキー!

너!!?

나, 난 블랙 러시안 같은
カクテル…?

---

**生ビール** なまびーる : 생맥주     **一気飲み!** いっきのみ! : 원샷!     **瓶ビール** びんびーる : 병맥주     **テキーラ** : 테킬라

**バー** : 술집 (서양식 바)     **ウィスキー** : 위스키     **カクテル** : 칵테일

絶対ダメ!ぜったいだめ! : 어림없는 소리!　　諦めないで下さい。あきらめないでください。: 포기하지 마세요.　　春はる : 봄

---

**また会いましょう。** またあいましょう。: 다시 만납시다.　　**言う** いう : 말하다　　**起きろ!** おきろ! : 일어나!

10년 후…

대리님, 뭐 보고 계시길래 그런 흐뭇한 표정이세요?

아아, 옛날에 아내랑 여행 갔던 일을 적어 놓은 **日記**야.

갑자기 생각나서 말이야~

X월 XX일

이것들이 성스러운 **事務室** 내에서 업무는 안 보고 잡담을 하고 있네…?

너도 한번 볼래? 이제 보니까 참 대책 없이

ㅋㅋㅋ

불쑥

부, 부장님!

헉!

신입, 이번 프로젝트 예산안 작성한 거 거래처에 **메일**로 보내라고 한 건 어떻게 됐어?

이, 이제 막 보내려고 하던 참이에요!

하하핫.

…후

보내기 전에 오타는 없는지, 잘못 기재한 내용은 없는지 **再検討する**하고 보내.

---

**日記** にっき : 일기　　　　**事務室** じむしつ : 사무실　　　　**메일** : 이메일　　　　**再検討する** さいけんとうする : 재검토하다

---

**取り引きする** とりひきする : 거래하다　　　**印章** いんしょう : 도장　　　**よくやった。** : 잘했다.　　　**会議** かいぎ : 회의

아, **本屋**<sup>ほん や</sup>에 들러서 신간이 뭐 나왔는지 한번 볼까~?

헐!?

그 아저씨 **本**<sup>ほん</sup> 내셨네!? 그것도 베스트셀러야!

베스트 셀러

아저씨… 오랜 시간이 걸렸지만, 결국엔 **成功する**<sup>せいこう</sup>하셨구나…

정말 잘 됐다~

… 사실 그 보물섬 뒤로 어떤 내용이 펼쳐질까 쭉 궁금했었는데 어디 보자…

녀석…

핫! 맞다! 이럴 시간이 없어!

우리 쌍둥이들 9살 기념 생일파티가 열리는데 단정하게 머리카락을 **切る**<sup>き</sup>하고 가야지!

자식들의 **友達**<sup>ともだち</sup>한테 멋진 아빠로 보여야 하지 않겠어!? 빨리 가자!

훅!

이 놈이 끝까지…

---

**本屋** ほんや : 서점　　　　**本** ほん : 책　　　　**成功する** せいこうする : 성공하다　　　　**切る** きる : 자르다

**友達** ともだち : 친구

プレゼント : 선물

가나다순으로
빠르게 찾아보자!!

가나다 사전

찾았다!!
요놈~

| ㄱ | | 간호사 | 看護師 かんごし |
|---|---|---|---|
| 가격 | 値段 ねだん | 갈색 | 茶色 ちゃいろ |
| 가구 | 家具 かぐ | 감 | 柿 かき |
| 가까운 | 近い ちかい | 감각 | 感覚 かんかく |
| 가난한 | 貧しい まずしい | 감사하다 | 感謝する かんしゃする |
| 가능한 | 可能な かのうな | 감자 | ジャガイモ じゃがいも |
| 가다 | 行く いく | 감자튀김 | フライドポテト ふらいどぽてと |
| 가득 찬 | いっぱいの いっぱいの | 갑자기 | 突然 とつぜん |
| 가르치다 | 教える おしえる | 값싼 | 安い やすい |
| 가리키다 | 指す さす | 강 | 川 かわ |
| 가방 | かばん かばん | 강압적인 | 強圧的な きょうあつてきな |
| 가벼운 | 軽い かるい | 강한 | 強い つよい |
| 가수 | 歌手 かしゅ | 같은 | 同じ おなじ |
| 가스 | ガス がす | 개 | 犬 いぬ |
| 가운데 | 真ん中 まんなか | 개인의 | 個人の こじんの |
| 가을 | 秋 あき | 개인적으로 | 個人的に こじんてきに |
| 가장 | もっとも もっとも | 객실 가격 | 室料 しつりょう |
| 가져오다 | 持って来る もってくる | 거기 | そこ そこ |
| 가족 | 家族 かぞく | 거래하다 | 取り引きする とりひきする |
| 가지고 있다 | 持っている もっている | 거리 street | 町 まち |
| 가짜의 | 偽の にせの | 거리 distance | 距離 きょり |
| 가치 | 価値 かち | 거스름돈 | お釣り おつり |
| 간단한 | 簡単な かんたんな | 거실 | リビングルーム りびんぐるーむ |
| 간단히 | 簡単に かんたんに | 거울 | 鏡 かがみ |
| 간식 | おやつ おやつ | 거의 | ほとんど ほとんど |
| 간이침대 | エキストラベッド えきすとらべっど | 거짓 | 嘘 うそ |
| 간장 | 醤油 しょうゆ | 거짓말쟁이 | 嘘吐き うそつき |

|  |  |  |  |
|---|---|---|---|
| 거짓말하다 | 嘘をつく うそをつく | 경우 | 場合 ばあい |
| 걱정스러운 | 心配そうな しんぱいそうな | 경이로운 | 素晴らしい すばらしい |
| 걱정하다 | 心配する しんぱいする | 경쟁 | 競争 きょうそう |
| 건강 | 健康 けんこう | 경찰 | 警察 けいさつ |
| 건강한 | 元気な げんきな | 경찰관 | 警察官 けいさつかん |
| 건너다 | 渡る わたる | 경찰서 | 警察署 けいさつしょ |
| 건배 | 乾杯 かんぱい | 계곡 | 谷 たに |
| 건설하다 | 建てる たてる | 계단 | 階段 かいだん |
| 걷다 | 歩く あるく | 계란 | 卵 たまご |
| 걸다 | 賭ける かける | 계속하다 | 続く つづく |
| 검색하다 | 探す さがす | 계절 | 季節 きせつ |
| 검은색 | 黒 くろ | 계좌 | 口座 こうざ |
| 겉만 익힘 | レア れあ | 계획 | 計画 けいかく |
| 게다가 | そのうえ そのうえ | 고구마 | サツマイモ さつまいも |
| 게으른 | 怠惰な たいだな | 고기 | 肉 にく |
| 겨울 | 冬 ふゆ | 고르다 | 選ぶ えらぶ |
| 견과류 | ナッツ なっつ | 고모 *부모의 여자 형제 중년 여성 총칭 | おばさん おばさん |
| 결과 | 結果 けっか | 고모부 *부모의 남자 형제 중년 남성 총칭 | おじさん おじさん |
| 결정 | 決定 けってい | 고속도로 | 高速道路 こうそくどうろ |
| 결정하다 | 決める きめる | 고양이 | 猫 ねこ |
| 결혼 | 結婚 けっこん | 고정하다 | 固定する こていする |
| 결혼식 | 結婚式 けっこんしき | 고조되다 | 盛り上がる もりあがる |
| 결혼을 한 | 結婚した けっこんした | 고추기름 | ラーユ らーゆ |
| 결혼하다 | 結婚する けっこんする | 고치다 | 直す なおす |
| 경고 | 警告 けいこく | 고통 | 苦痛 くつう |
| 경고하다 | 警告する けいこくする | 고통스러운 | 苦しい くるしい |
| 경력, 직업 | 経歴 けいれき | 곧 | 直ぐ すぐ |

|  |  |  |  |
|---|---|---|---|
| 곧은 | 真っ直ぐな まっすぐな | 구체적인 | 具体的な ぐたいてきな |
| 골목길 | 横丁 よこちょう | 구하다 | 救う すくう |
| 골프 | ゴルフ ごるふ | 국가 | 国 くに |
| 공간 | 空間 くうかん | 국가의 | 国家の こっかの |
| 공부 | 勉強 べんきょう | 국내의 | 国内の こくないの |
| 공원 | 公園 こうえん | 국수 | 麺 めん |
| 공유하다 | 共有する きょうゆうする | 국자 | お玉 おたま |
| 공장 | 工場 こうじょう | 국제적인 | 国際的な こくさいてきな |
| 공정한 | 公正な こうせいな | 군인 | 軍人 ぐんじん |
| 공책 | ノート のーと | 굴 소스 | オイスターソース おいすたーそーす |
| 공항 | 空港 くうこう | 권위적인 | 権威的な けんいてきな |
| 과거 | 過去 かこ | 권하다 | 誘う さそう |
| 과일 | 果物 くだもの | 귀 | 耳 みみ |
| 과자 | お菓子 おかし | 귀걸이 | イヤリング いやりんぐ |
| 과정 | 過程 かてい | 귀여운 | 可愛い かわいい |
| 과학 | 科学 かがく | 귤 | 蜜柑 みかん |
| 과학기술 | 科学技術 かがくぎじゅつ | 그 | 彼 かれ |
| 관계 | 関係 かんけい | 그 *지시대명사 | その その |
| 관광 여행 | ツアー つあー | 그 밖의 | 他の ほかの |
| 관리자 | 管理者 かんりしゃ | 그 전에 | その前に そのまえに |
| 광장 | 広場 ひろば | 그 후에 | その後 そのあと |
| 교실 | 教室 きょうしつ | 그건 그렇고 | それはそうと それはそうと |
| 교통 | 交通 こうつう | 그것 | それ それ |
| 교환하다 | 交換する こうかんする | 그녀 | 彼女 かのじょ |
| 구름 | 雲 くも | 그들 | 彼ら かれら |
| 구성원 | メンバー めんばー | 그때 | その時 そのとき |
| 구이 | 焼き やき | 그래서 | それで それで |

| 그러나 | しかし しかし | 기쁨 | 喜び よろこび |
|---|---|---|---|
| 그런 | そんな そんな | 기술자 | 技術者 ぎじゅつしゃ |
| 그렇게 | そのように そのように | 기억 | 記憶 きおく |
| 그렇다면 | それなら それなら | 기억하다 | 覚える おぼえる |
| 그림 | 絵 え | 기회 | 機会 きかい |
| 그만두다 | やめる やめる | 긴 | 長い ながい |
| 그분 | 彼の方 あのかた | 긴장을 풀다 | 緩める ゆるめる |
| 그저께 | 一昨日 おととい | 길 way | 道 みち |
| 그쪽 | そちら そちら | 길 road | 道路 どうろ |
| 극장 | 劇場 げきじょう | 길을 잃은 | 道に迷った みちにまよった |
| 근면한 | 勤勉な きんべんな | 깊게 | 深く ふかく |
| 금 | 金 きん | 깊은 | 深い ふかい |
| 금고 | 金庫 きんこ | 깜짝 놀란 | 驚いた おどろいた |
| 금연의 | 禁煙の きんえんの | 깨 소스 | 胡麻垂れ ごまだれ |
| 금요일 | 金曜日 きんようび | 깨끗한 | 綺麗な きれいな |
| 금융의 | 金融の きんゆうの | 깨닫다 | 気付く きづく |
| 급작스러운 | 突然の とつぜんの | 껴안다 | 抱きしめる だきしめる |
| 급한 | 急な きゅうな | 꼭대기 | 頂上 ちょうじょう |
| 긍정적인 | 肯定的な こうていてきな | 꽉 조이는 | きつい きつい |
| 기계 | 機械 きかい | 꿈 | 夢 ゆめ |
| 기내식 | 機内食 きないしょく | 끄다 | 消す けす |
| 기념품 가게 | お土産売り場 おみやげうりば | 끔찍한 | 酷い ひどい |
| 기념하다 | 記念する きねんする | 끝 | 終り おわり |
| 기능 | 機能 きのう | 끝내다 | 終える おえる |
| 기다리다 | 待つ まつ | **ㄴ** | |
| 기대하다 | 期待する きたいする | 나 *공식적 | 私 わたくし |
| 기름 | 油 あぶら | 나 *일상적 | 私 わたし |

| | | | |
|---|---|---|---|
| 나 *남자 아이 | 僕 ぼく | 너 *친구에게 | お前 おまえ |
| 나 *성인 남성 | 俺 おれ | 너무 | あまりに あまりに |
| 나가다 | 出る でる | 너희 *아랫사람에게 | 君達 きみたち |
| 나르다 | 運ぶ はこぶ | 너희 *일상적 | 貴方達 あなたたち |
| 나무 | 木 き | 넓은 | 広い ひろい |
| 나쁜 | 悪い わるい | 넘기다 | 飛ばす とばす |
| 나이 | 年齢 ねんれい | 넥타이 | ネクタイ ねくたい |
| 나중에 | 後で あとで | 노란색 | 黄色 きいろ |
| 날다 | 飛ぶ とぶ | 노래 | 歌 うた |
| 날씨 | 天気 てんき | 노래하다 | 歌う うたう |
| 날짜 | 日付 ひづけ | 녹차 | 緑茶 りょくちゃ |
| 남색 | ネイビー ねいびー | 놀라다 | 驚く おどろく |
| 남성 | 男性 だんせい | 놀이 | ゲーム げーむ |
| 남자 | 男 おとこ | 농구 | バスケット ばすけっと |
| 남자 친구 | 彼氏 かれし | 농담 | 冗談 じょうだん |
| 남자 형제 | 兄弟 きょうだい | 농담하다 | 冗談を言う じょうだんをいう |
| 남쪽 | 南 みなみ | 높은 | 高い たかい |
| 남편 | 夫 おっと | 놓다 | 置く おく |
| 낮 | 昼 ひる | 놓치다 | 逃す のがす |
| 낮에 | 昼に ひるに | 누구 | 誰 だれ |
| 낮은 | 低い ひくい | 누구든지 | 誰でも だれでも |
| 낱말 | 単語 たんご | 누군가 | 誰か だれか |
| 내일 | 明日 あした | 눈 eye | 目 め |
| 냄새 | 匂い におい | 눈 snow | 雪 ゆき |
| 냅킨 | ナプキン なぷきん | 눕다 | 横になる よこになる |
| 너 *아랫사람에게 | 君 きみ | 뉴스 | ニュース にゅーす |
| 너 *일상적 | 貴方 あなた | 느끼다 | 感じる かんじる |

| | | | |
|---|---|---|---|
| 느리게 | 遅く おそく | 달리다 | 走る はしる |
| 느린 | 遅い おそい | 닭고기 | 鳥肉 とりにく |
| 늙은 | 年取った としとった | 담배 | タバコ たばこ |
| 늦게 | 遅く おそく | 담요 | ブランケット ぶらんけっと |
| 늦은 | 遅い おそい | 답장하다 | 返事をする へんじをする |
| **ㄷ** | | 당근 | 人参 にんじん |
| 다루다 | 扱う あつかう | 당기다 | 引く ひく |
| 다르게 | 違って ちがって | 대기 | 待機 たいき |
| 다른 | 違う ちがう | 대답 | 答え こたえ |
| 다른 사람 | 他の人 ほかのひと | 대답하다 | 答える こたえる |
| 다리 leg | 脚 あし | 대중 | 大衆 たいしゅう |
| 다리 bridge | 橋 はし | 대학 | 大学 だいがく |
| 다시 | 再び ふたたび | 대화 | 対話 たいわ |
| 다양한 | 色色な いろいろな | 더 | もっと もっと |
| 다음 주에 | 来週に らいしゅうに | 더 낮은 | もっと低い もっとひくい |
| 다음번에 | 次回に じかいに | 더 높은 | もっと高い もっとたかい |
| 다음의 | 次の つぎの | 더 많은 | もっと多い もっとおおい |
| 다이어트 | ダイエット だいえっと | 더 작은 | もっと小さい もっとちいさい |
| 다치게 하다 | 傷つける きずつける | 더 적은 | より少ない よりすくない |
| 단단한 | 堅い かたい | 더 좋은 | もっと良い もっとよい |
| 단맛의 | 甘い あまい | 더 큰 | もっと大きい もっとおおきい |
| 단체 | 団体 だんたい | 더러운 | 汚い きたない |
| 단 하나의 | ただ一つの ただひとつの | 더블 샷 | ダブルショット だぶるしょっと |
| 닫다 | 閉じる とじる | 더블 침대 | ダブルベッド だぶるべっど |
| 닫힌 | 閉じた とじた | 더운물 | お湯 おゆ |
| 달 | 月 つき | 더하다 | 加える くわえる |
| 달력 | カレンダー かれんだー | 던지다 | 投げる なげる |

| 한국어 | 일본어 | 한국어 | 일본어 |
|---|---|---|---|
| 덮다 | 覆う おおう | 되다 | ~になる ~になる |
| 데리야키 소스 | 照り焼きソース てりやきそーす | 되돌아가다 | 帰る かえる |
| 데우다 | 暖める あたためる | 된장 | 味噌 みそ |
| 데이터 | データ でーた | 두 배의 | 二倍の にばいの |
| 데치다 | 湯がく ゆがく | 두 번 | 二度 にど |
| 도서관 | 図書館 としょかん | 두 사람 | 二人 ふたり |
| 도시 | 都市 とし | 두꺼운 | 厚い あつい |
| 도어맨 | ドアマン どあまん | 두드리다 | 叩く たたく |
| 도움 | 助け たすけ | 두리안 | ドリアン どりあん |
| 도장 | 印章 いんしょう | 둘 다 | 両方 りょうほう |
| 도착 | 到着 とうちゃく | 뒤 | 後ろ うしろ |
| 도착하다 | 着く つく | 뒤로 | 後ろへ うしろへ |
| 독서 | 読書 どくしょ | 뒤를 따르다 | 従う したがう |
| 돈 | お金 おかね | 뒤집개 | フライ返し ふらいがえし |
| 돈을 벌다 | 稼ぐ かせぐ | 드디어 | やっと やっと |
| 돌 | 石 いし | 듣다 | 聞く きく |
| 돌다 | 回る まわる | 들다 | 取る とる |
| 돌려주다 | 返す かえす | 들어가다 | 入る はいる |
| 돕다 | 助ける たすける | 등 | 背中 せなか |
| 동료 | 同僚 どうりょう | 디자인 | デザイン でざいん |
| 동물 | 動物 どうぶつ | 디저트 | デザート でざーと |
| 동의하다 | 同意する どういする | 따뜻한 | 暖かい あたたかい |
| 동일하게 | 同様に どうように | 딱 | ちょうど ちょうど |
| 동전 | コイン こいん | 딸 | 娘 むすめ |
| 동쪽 | 東 ひがし | 딸기 | いちご いちご |
| 동화 | お伽噺 おとぎばなし | 땅 | 土 つち |
| 돼지고기 | 豚肉 ぶたにく | 때때로 | 時時 ときどき |

| 때리다 | 打つ うつ | 마카롱 | マカロン まかろん |
|---|---|---|---|
| 떠나다 | 去る さる | 막대 | バー ばー |
| 떨어뜨리다 | 落とす おとす | 만나다 | 会う あう |
| 떨어지다 | 落ちる おちる | 만들다 | 作る つくる |
| 또한 | また また | 만족스러운 | 満足した まんぞくした |
| 똑바로 | 真っ直ぐに まっすぐに | 만지다 | 触る さわる |
| 뜨거운 | 熱い あつい | 많다 | 多い おおい |
| ㄹ | | 많은 | 沢山の たくさんの |
| 라디오 | ラジオー らじおー | 많이 | 多く おおく |
| 라지 사이즈 | ラージサイズ らーじさいず | 말을 다투다 | 言い争う いいあらそう |
| 레드와인 | 赤ワイン あかわいん | 말하다 | 言う いう |
| 레몬 | レモン れもん | 말하다 chat | しゃべる しゃべる |
| 룰 | ルール るーる | 말하다 say | 話す はなす |
| 룸메이트 | ルームメート るーむめーと | 맛 | 味 あじ |
| 룸서비스 | ルームサービス るーむさーびす | 맛보다 | 味わう あじわう |
| 리치 | ライチー らいちー | 맛있는 | 美味しい おいしい |
| 리필 | お代わり おかわり | 망고 | マンゴ まんご |
| ㅁ | | 망고스틴 | マンゴスチン まんごすちん |
| 마늘 | ニンニク にんにく | 매번 | 毎回 まいかい |
| 마루 | 床 ゆか | 매실 | 梅 うめ |
| 마른 skinny | 痩せた やせた | 매우 | 非常に ひじょうに |
| 마른 thirsty | 乾いた かわいた | 매우 | とても とても |
| 마시다 | 飲む のむ | 매운맛의 | 辛い からい |
| 마요네즈 | マヨネーズ まよねーず | 매일 | 毎日 まいにち |
| 마을 | 村 むら | 매표소 | チケット売り場 ちけっとうりば |
| 마음을 끌다 | 引く ひく | 맥주 | ビール びーる |
| 마지막으로 | 最後に さいごに | 맥줏집 | パブ ぱぶ |

| 머리 | 頭 あたま | 목 | 首 くび |
|---|---|---|---|
| 머리카락 | 髪 かみ | 목걸이 | ネックレス ねっくれす |
| 머물다 | 留まる とどまる | 목록 | 目録 もくろく |
| 머스타드 소스 | マスタードソース ますたーどそーす | 목소리 | 声 こえ |
| 먹다 | 食べる たべる | 목요일 | 木曜日 もくようび |
| 먼저 | 先に さきに | 목적지 | 目的地 もくてきち |
| 멀리 있는 | 遠い とおい | 목표 | 目標 もくひょう |
| 멈추다 | 止まる とまる | 몸 | 体 からだ |
| 메뉴 | メニュー めにゅー | 못생긴 | 醜い みにくい |
| 메모 | メモ めも | 무거운 | 重い おもい |
| 메시지 | メッセージ めっせーじ | 무례한 | 無礼な ぶれいな |
| 멜론 | メロン めろん | 무릎 | 膝 ひざ |
| 면세점 | 免税店 めんぜいてん | 무서워하는 | 怖がる こわがる |
| 면접 | 面接 めんせつ | 무선인터넷 | ワイファイ わいふぁい |
| 명령하다 | 命令する めいれいする | 무시하다 | 無視する むしする |
| 명예 | 名誉 めいよ | 무언가 | 何か なにか |
| 몇 번 number | 何番 なんばん | 무엇 | 何 なに |
| 몇 번 time | 何度 なんど | 무침 | 和え あえ |
| 몇 회 | 何回 なんかい | 문서 | 文書 ぶんしょ |
| 모닝콜 | モーニングコール もーにんぐこーる | 문 gate | ゲート げーと |
| 모두 | 皆 みんな | 문 door | 門 もん |
| 모든 것 | 全て すべて | 문을 잠그다 | 鍵をかける かぎをかける |
| 모레 | 明後日 あさって | 문자 메시지 | 携帯メール けいたいめーる |
| 모르다 | 知らない しらない | 문제 problem | 問題 もんだい |
| 모으다 | 集める あつめる | 문제 issue | 争点 そうてん |
| 모자 | 帽子 ぼうし | 문제 trouble | トラブル とらぶる |
| 모퉁이 | コーナー こーなー | 묻다 | 聞く きく |

| 물 | 水 みず | 바쁜 | 忙しい いそがしい |
|---|---|---|---|
| 물론 | もちろん もちろん | 바지 | ズボン ずぼん |
| 뭐든지 | 何でも なんでも | 바퀴 | 車輪 しゃりん |
| 뮤지컬 | ミュージカル みゅーじかる | 박물관 | 博物館 はくぶつかん |
| 미니 바 | ミニバー みにばー | 밖에 | 外に そとに |
| 미디엄 사이즈 | ミディアムサイズ みでぃあむさいず | 반값 | 半額 はんがく |
| 미래 | 未来 みらい | 반대쪽의 | 反対側の はんたいがわの |
| 미소 짓다 | 微笑む ほほえむ | 반바지 | 半ズボン はんずぼん |
| 미술관 | 美術館 びじゅつかん | 반복하다 | 繰り返す くりかえす |
| 미안한 | すまない すまない | 반지 | 指輪 ゆびわ |
| 미워하다 | 憎む にくむ | 받다 | 受ける うける |
| 미친 | 気が狂った きがくるった | 받아들이다 | 受け入れる うけいれる |
| 믿다 | 信じる しんじる | 발 | 足 あし |
| 밀다 | 押す おす | 발가락 | 足指 あしゆび |
| ㅂ | | 발상 | アイデア あいであ |
| 바깥쪽 | 外側 そとがわ | 발생하다 | 起こる おこる |
| 바꾸다 | 変える かえる | 밝은 | 明るい あかるい |
| 바나나 | バナナ ばなな | 밤에 | 夜に よるに |
| 바닐라 라테 | バニララテ ばにららて | 방 | 部屋 へや |
| 바다 | 海 うみ | 방 번호 | ルームナンバー るーむなんばー |
| 바닥 | 底 そこ | 방문객 | 訪問客 ほうもんきゃく |
| 바라다 | 望む のぞむ | 방문하다 | 訪問する ほうもんする |
| 바라보다 | 眺める ながめる | 방향 | 方向 ほうこう |
| 바람 | 風 ふう | 배 stomach | 腹 はら |
| 바람 부는 | 風が吹く かぜがふく | 배 ship | 船 ふね |
| 바보 | 馬鹿 ばか | 배 pear | ナシ なし |
| 바비큐 소스 | バーベキューソース ばーべきゅーそーす | 배구 | バレーボール ばれーぼーる |

| 한국어 | 일본어 | 한국어 | 일본어 |
|---|---|---|---|
| 배낭 | バックパック ばっくぱっく | 보라색 | 紫 むらさき |
| 배달하다 | 配達する はいたつする | 보여주다 | 見せる みせる |
| 배우 | 俳優 はいゆう | 보통 | 普通 ふつう |
| 배우다 | 学ぶ まなぶ | 보통의 | 普通の ふつうの |
| 배터리 | バッテリー ばってりー | 복도 석 | 通路側の席 つうろがわのせき |
| 백화점 | デパート でぱーと | 복숭아 | 桃 もも |
| 버섯 | キノコ きのこ | 복잡한 | 複雑な ふくざつな |
| 버스 | バス ばす | 볶음 | いため いため |
| 버스 정류장 | バス停 ばすてい | 본문 | 本文 ほんぶん |
| 버튼 | ボタン ぼたん | 봄 | 春 はる |
| 번역가 | 翻訳家 ほんやくか | 부드러운 | 柔らかい やわらかい |
| 번화가 | 繁華街 はんかがい | 부드럽게 | 柔らかく やわらかく |
| 벌꿀 | 蜂蜜 はちみつ | 부르다 | 呼ぶ よぶ |
| 벌레 | 虫 むし | 부모님 | 両親 りょうしん |
| 법 | 法 ほう | 부수다 | 壊す こわす |
| 벗다 | 脱ぐ ぬぐ | 부엌 | 台所 だいどころ |
| 베개 | 枕 まくら | 부유한 | 富裕な ふゆうな |
| 벤치 | ベンチ べんち | 부인 | 妻 つま |
| 벼룩시장 | フリーマーケット ふりーまーけっと | 부정적인 | 否定的な ひていてきな |
| 벽 | 壁 かべ | 부족한 | 足りない たりない |
| 변명 | 言い訳 いいわけ | 부침 | 焼き やき |
| 병 | 瓶 びん | 북쪽 | 北 きた |
| 병맥주 | 瓶ビール びんびーる | 분 | 分 ふん |
| 병원 | 病院 びょういん | 분명하게 | 明らかに あきらかに |
| 보내다 | 送る おくる | 분명한 | 明らかな あきらかな |
| 보다 | 見る みる | 분홍색 | ピンク ぴんく |
| 보드카 | ウォッカ うぉっか | 불 | 火 ひ |

| | | | |
|---|---|---|---|
| 불가능한 | 不可能な ふかのうな | 빠르게 | 速く はやく |
| 불공평한 | 不公平な ふこうへいな | 빠른 quick | 素早い すばやい |
| 불다 | 吹く ふく | 빠른 fast | 速い はやい |
| 불량한 | 不良な ふりょうな | 빨간색 | 赤 あか |
| 불법적인 | 違法的な いほうてきな | 빨래하다 | 洗濯する せんたくする |
| 불안한 | 不安な ふあんな | 빨리 | 早く はやく |
| 불타다 | 燃える もえる | 빵 | パン ぱん |
| 불편한 | 不便な ふべんな | 人 | |
| 불행하게 | 不幸に ふこうに | 사건 | イベント いべんと |
| 브라우니 | ブラウニー ぶらうにー | 사고 | 事故 じこ |
| 블라우스 | ブラウス ぶらうす | 사과 | リンゴ りんご |
| 비 | 雨 あめ | 사과하다 | 謝る あやまる |
| 비가 오는 | 雨の あめの | 사다 | 買う かう |
| 비누 | 石鹸 せっけん | 사람 | 人 ひと |
| 비밀 | 秘密 ひみつ | 사랑스러운 | 愛しい いとしい |
| 비밀번호 | パスワード ぱすわーど | 사랑하다 | 愛する あいする |
| 비상사태 | 緊急事態 きんきゅうじたい | 사막 | 砂漠 さばく |
| 비서 | 秘書 ひしょ | 사무실 | 事務室 じむしつ |
| 비슷한 | 似る にる | 사본 | コピー こぴー |
| 비싼 | 高い たかい | 사실 | 事実 じじつ |
| 비용이 들다 | 費用がかかる ひようがかかる | 사실인 | 真実の しんじつの |
| 비자 | ビザ びざ | 사안 | 事案 じあん |
| 비행 | 飛行 ひこう | 사업 | 事業 じぎょう |
| 비행기 | 飛行機 ひこうき | 사용료 | 使用料 しようりょう |
| 빌딩 | ビルディング びるでぃんぐ | 사용하다 | 使う つかう |
| 빌리다 | 借りる かりる | 사적인 | 私的な してきな |
| 빗 | ブラシ ぶらし | 사전 | 辞書 じしょ |

| | | | |
|---|---|---|---|
| 사진 | 写真 しゃしん | 생각하다 | 考える かんがえる |
| 사진기 | カメラ かめら | 생맥주 | 生ビール なまびーる |
| 사진을 찍다 | 撮る とる | 생산하다 | 生産する せいさんする |
| 사촌 | 従兄弟 いとこ | 생선 | 魚 さかな |
| 사탕 | キャンデー きゃんでー | 생일 | 誕生日 たんじょうび |
| 산 | 山 やま | 샤워하다 | シャワーを浴びる しゃわーをあびる |
| 살다 | 生きる いきる | 서다 | 立つ たつ |
| 살아남다 | 生残る いきのこる | 서둘러서 | 急いで いそいで |
| 살아있는 | 生きている いきている | 서비스 | サービス さーびす |
| 살짝 익힘 | ミディアムレア みでぃあむれあ | 서비스 요금 | サービスチャージ さーびすちゃーじ |
| 살찐 | 太った ふとった | 서점 | 本屋 ほんや |
| 삶음 | 茹で ゆで | 서쪽 | 西 にし |
| 상관하다 | 構う かまう | 선 | 線 せん |
| 상사 | 上司 じょうし | 선글라스 | サングラス さんぐらす |
| 상상하다 | 想像する そうぞうする | 선량한 | 善良な ぜんりょうな |
| 상의하다 | 話し合う はなしあう | 선물 | プレゼント ぷれぜんと |
| 상자 | 箱 はこ | 선생님 | 先生 せんせい |
| 상점 | 店 みせ | 선택 | 選択 せんたく |
| 상태 | 調子 ちょうし | 선택하다 | 選ぶ えらぶ |
| 상태가 좋은 | 結構な けっこうな | 선풍기 | 扇風機 せんぷうき |
| 상황 | 状況 じょうきょう | 선호하다 | 好む このむ |
| 새 | 鳥 とり | 설거지하다 | 皿を洗う さらをあらう |
| 새로운 | 新しい あたらしい | 설명하다 | 説明する せつめいする |
| 색깔 | 色 いろ | 설탕 | 砂糖 さとう |
| 샌드위치 | サンドイッチ さんどいっち | 성공 | 成功 せいこう |
| 샐러드 | サラダ さらだ | 성공하다 | 成功する せいこうする |
| 생 | 生 せい | 성급한 | 気短な きみじかな |

| 한국어 | 일본어 | 한국어 | 일본어 |
|---|---|---|---|
| 성실한 | 真面目な まじめな | 손님 | お客様 おきゃくさま |
| 성장하다 | 成長する せいちょうする | 손수건 | ハンカチ はんかち |
| 세 번 | 三度 さんど | 손수레 | カート かーと |
| 세계 | 世界 せかい | 손주 | 孫 まご |
| 세금 | 税金 ぜいきん | 손해 | 損害 そんがい |
| 세다 | 数える かぞえる | 쇼 | ショー しょー |
| 세탁물 | 洗濯物 せんたくもの | 쇼핑 | ショッピング しょっぴんぐ |
| 셔츠 | シャツ しゃつ | 쇼핑백 | ショッピングバッグ しょっぴんぐばっぐ |
| 소개하다 | 紹介する しょうかいする | 쇼핑센터 | ショッピングセンタ しょっぴんぐせんたー |
| 소고기 | 牛肉 ぎゅうにく | 수건 | タオル たおる |
| 소금 | 塩 しお | 수도 | 首都 しゅと |
| 소녀 | 少女 しょうじょ | 수박 | スイカ すいか |
| 소년 | 少年 しょうねん | 수업 | 授業 じゅぎょう |
| 소란스럽게 | 騒がしく さわがしく | 수영장 | プール ぷーる |
| 소리 | 音 おと | 수요일 | 水曜日 すいようび |
| 소방관 | 消防官 しょうぼうかん | 수준 | レベル れべる |
| 소방서 | 消防署 しょうぼうしょ | 수줍어하는 | 恥ずかしがる はずかしがる |
| 소설 | 小説 しょうせつ | 수치심 | 恥 はじ |
| 소스 | ソース そーす | 수프 | スープ すーぷ |
| 소음 | 騒音 そうおん | 수하물 | 荷物 にもつ |
| 소파 | ソファ そふぁ | 숙제 | 宿題 しゅくだい |
| 소홀하게 | 疎かに おろそかに | 순간 | 瞬間 しゅんかん |
| 속력 | スピード すぴーど | 숟가락 | スプーン すぷーん |
| 속상한 | 水くさい みずくさ-い | 술 | 酒 さけ |
| 손 | 手 て | 술집 | バー ばー |
| 손가락 | 指 ゆび | 숨겨진 | 隠れた かくれた |
| 손가방 | ハンドバッグ はんどばっぐ | 숨기다 | 隠す かくす |

| 한국어 | 일본어 | 한국어 | 일본어 |
|---|---|---|---|
| 숫자 | 数字 すうじ | 시험 | 試験 しけん |
| 숲 | 森 もり | 식당 | 食堂 しょくどう |
| 쉬다 | 休む やすむ | 식사 | 食事 しょくじ |
| 쉬운 | 易しい やさしい | 식초 | 食酢 しょくず |
| 쉽게 | 容易に よういに | 신 | 神 かみ |
| 슈퍼마켓 | スーパーマーケット すーぱーまーけっと | 신뢰하다 | 信頼する しんらいする |
| 스몰 사이즈 | スモールサイズ すもーるさいず | 신맛의 | 酸っぱい すっぱい |
| 스위치 | スイッチ すいっち | 신문 | 新聞 しんぶん |
| 스카프 | スカーフ すかーふ | 신문 기사 | 記事 きじ |
| 스테이크 | ステーキ すてーき | 신발 | 靴 くつ |
| 슬픈 | 悲しい かなしい | 신선한 | 新鮮な しんせんな |
| 습관 | 習慣 しゅうかん | 신호 | サイン さいん |
| 승객 | 乗客 じょうきゃく | 신호등 | 信号灯 しんごうとう |
| 시 poem | 詩 し | 실내의 | 室内の しつないの |
| 시 hour | 時 じ | 실수 | 間違い まちがい |
| 시간 | 時間 じかん | 실외의 | 室外の しつがいの |
| 시간표 | 時刻表 じこくひょう | 실제로 | 実際に じっさいに |
| 시계 | 時計 とけい | 실패 | 失敗 しっぱい |
| 시골 | 田舎 いなか | 실패하다 | 失敗する しっぱいする |
| 시끄러운 | うるさい うるさい | 심각한 | 深刻な しんこくな |
| 시나몬 파우더 | シナモンパウダー しなもんぱうだー | 심장 | 心臓 しんぞう |
| 시도하다 | 試す ためす | 싱글 침대 | シングルベッド しんぐるべっど |
| 시럽 | シロップ しろっぷ | 싸우다 | 戦う たたかう |
| 시원한 | 涼しい すずしい | 싸움 | 喧嘩 けんか |
| 시작 | 始め はじめ | 쌀 | 米 こめ |
| 시작하다 | 始まる はじまる | 쓰다 write | 書く かく |
| 시장 | 市場 いちば | 쓰다 use | 使う つかう |

| | | | |
|---|---|---|---|
| 쓴맛의 | 苦い にがい | 안개 | 霧 きり |
| 씻다 | 洗う あらう | 안경 | 眼鏡 めがね |
| ● | | 안내 데스크 | 案内デスク あんないですく |
| 아기 | 赤ちゃん あかちゃん | 안내 책자 | パンフレット ぱんふれっと |
| 아끼다 | 節約する せつやくする | 안내원 | 案内人 あんないにん |
| 아들 | 息子 むすこ | 안내자 | ガイド がいど |
| 아래로 | 下に したに | 안으로 | 中に なかに |
| 아래층 | 下層 かそう | 안전하게 | 安全に あんぜんに |
| 아름다운 | 美しい うつくしい | 안전한 | 安全な あんぜんな |
| 아마 | 多分 たぶん | 안쪽 | 内側 うちがわ |
| 아마도 | おそらく おそらく | 앉다 | 座る すわる |
| 아메리카노 | アメリカーノ あめりかーの | 알다 | 分かる わかる |
| 아무쪼록 | どうぞ どうぞ | 알람 | アラーム あらーむ |
| 아보카도 | アボカド あぼかど | 앞 | 前 まえ |
| 아빠 | 父 ちち | 앞으로 | 前へ まえへ |
| 아이 | 子供 こども | 앞치마 | エプロン えぷろん |
| 아이스크림 | アイスクリーム あいすくりーむ | 야구 | 野球 やきゅう |
| 아주 멋진 | 素敵な すてきな | 야채 | 野菜 やさい |
| 아주 작은 | ちっぽけな ちっぽけな | 약 | 薬 くすり |
| 아직 | まだ まだ | 약간의 | 多少の たしょうの |
| 아직껏 | 未だに いまだに | 약국 | 薬局 やっきょく |
| 아침 | 朝 あさ | 약속 | 約束 やくそく |
| 아침 식사 | 朝ご飯 あさごはん | 약속하다 | 約束する やくそくする |
| 아침에 | 朝に あさに | 약한 | 弱い よわい |
| 아파트 | アパート あぱーと | 약혼 | 婚約 こんやく |
| 아픈 | 痛い いたい | 얇은 | 薄い うすい |
| 악취 | 悪臭 あくしゅう | 양고기 | 羊肉 ようにく |

| 양말 | 靴下 くつした | 없다 | 無い ない |
|---|---|---|---|
| 양파 | 玉葱 たまねぎ | 에너지 | エネルギー えねるぎー |
| 어깨 | 肩 かた | 에스컬레이터 | エスカレーター えすかれーたー |
| 어느 | どっち どっち | 에스프레소 | エスプレッソ えすぷれっそ |
| 어느 것 | どれ どれ | 에어컨 | エアコン えあこん |
| 어느 날 | ある日 あるひ | 엘리베이터 | エレベーター えれべーたー |
| 어느 쪽 | どちら どちら | 여권 | パスポート ぱすぽーと |
| 어두운 | 暗い くらい | 여기 | ここ ここ |
| 어디 | どこ どこ | 여러분 | 皆さん みなさん |
| 어디든지 | どこにでも どこにでも | 여름 | 夏 なつ |
| 어디에서나 | どこでも どこでも | 여성 | 女性 じょせい |
| 어떤 | どんな どんな | 여자 | 女 おんな |
| 어떻게 | どうやって どうやって | 여자 친구 | 彼女 かのじょ |
| 어려운 | 難しい むずかしい | 여자 형제 | 姉妹 しまい |
| 어른 | 大人 おとな | 여행 | 旅行 りょこう |
| 어리석은 | 愚かな おろかな | 역사 | 歴史 れきし |
| 어제 | 昨日 きのう | 연극 | 演劇 えんげき |
| 어쨌든 | とにかく とにかく | 연기 | 煙 けむり |
| 언어 | 言語 げんご | 연락하다 | 連絡する れんらくする |
| 언제 | いつ いつ | 연습 | 練習 れんしゅう |
| 언제든지 | いつでも いつでも | 연인 | 恋人 こいびと |
| 언젠가 | いつか いつか | 연필 | 鉛筆 えんぴつ |
| 얻다 | 得る える | 열다 | 開ける あける |
| 얼굴 | 顔 かお | 열린 | 開いた ひらいた |
| 얼음 | 氷 こおり | 열쇠 | 鍵 かぎ |
| 엄마 | 母 はは | 열차 | 列車 れっしゃ |
| 엄청난 | 凄い すごい | 0개 | ゼロ ぜろ |

| 한국어 | 일본어 | 한국어 | 일본어 |
|---|---|---|---|
| 영리하게 | 賢く かしこく | 옵션 | オプション おぷしょん |
| 영리한 | 利口な りこうな | 옷 | 服 ふく |
| 영수증 | 領収書 りょうしゅうしょ | 옷을 입다 | 着る きる |
| 영원히 | 永遠に えいえんに | 와사비 | わさび わさび |
| 영화 | 映画 えいが | 와이셔츠 | ワイシャツ わいしゃつ |
| 영화관 | 映画館 えいがかん | 와인 | ワイン わいん |
| 옆 | 傍 そば | 와플 | ワッフル わっふる |
| 예 | 例 れい | 완벽한 | 完璧な かんぺきな |
| 예쁜 | 綺麗な きれいな | 완성하다 | 完成する かんせいする |
| 예술 | 芸術 げいじゅつ | 완전한 | 完全な かんぜんな |
| 예약 | 予約 よやく | 완전히 익힘 | ウェルダン うぇるだん |
| 예전에 | 以前に いぜんに | 왕복 여행 | 往復旅行 おうふくりょこう |
| 오늘 | 今日 きょう | 왜 | どうして どうして |
| 오다 | 来る くる | 왜냐하면 | なぜなら なぜなら |
| 오래된 | 古い ふるい | 외국의 | 外国の がいこくの |
| 오렌지 | オレンジ おれんじ | 외국인 | 外国人 がいこくじん |
| 오류 | エラー えらー | 외로운 | 寂しい さびしい |
| 오른쪽 | 右 みぎ | 외치다 | 叫ぶ さけぶ |
| 오른쪽으로 | 右へ みぎへ | 왼쪽 | 左 ひだり |
| 오리고기 | 鴨肉 かもにく | 왼쪽으로 | 左へ ひだりへ |
| 오토바이 | オートバイ おーとばい | 요금 | 料金 りょうきん |
| 오후 | 午後 ごご | 요리 배달 | 出前 でまえ |
| 온도 | 温度 おんど | 요리하다 | 料理する りょうりする |
| 온화한 | 穏やかな おだやかな | 요점 | ポイント ぽいんと |
| 옮기다 | 移す うつす | 요청 | 要請 ようせい |
| 옳게 | 正しく ただしく | 욕실 | 浴室 よくしつ |
| 옳은 | 正しい ただしい | 욕조 | 風呂 ふろ |

| 용감하게 | 勇敢に ゆうかんに | 위험 | 危険 きけん |
|---|---|---|---|
| 용감한 | 勇敢な ゆうかんな | 위험한 | 危ない あぶない |
| 용서하다 | 許す ゆるす | 유리한 점 | 有利 ゆうり |
| 우리 *일상적 | 私たち わたしたち | 유명한 | 有名な ゆうめいな |
| 우리 *남자끼리 | 俺達 おれたち | 유익한 | 有益な ゆうえきな |
| 우산 | 傘 かさ | 유일한 | 唯一の ゆいいつの |
| 우스운 | おかしい おかしい | 유자 | 柚子 ゆず |
| 우유 | 牛乳 ぎゅうにゅう | 유적지 | 遺跡地 いせきち |
| 우체국 | 郵便局 ゆうびんきょく | 유지하다 | 保つ たもつ |
| 우편 | 郵便 ゆうびん | 육지 | 陸地 りくち |
| 운 좋은 | 幸運な こううんな | 은 | 銀 ぎん |
| 운전 | 運転 うんてん | 은행 | 銀行 ぎんこう |
| 운전면허증 | 運転免許証 うんてんめんきょしょう | 음식 | 食べ物 たべもの |
| 운전사 | 運転手 うんてんしゅ | 음악 | 音楽 おんがく |
| 운전하다 | 運転する うんてんする | 응시하다 | 見詰める みつめる |
| 울다 | 泣く なく | 의견 | 意見 いけん |
| 움직이다 | 動く うごく | 의미 | 意味 いみ |
| 웃다 | 笑う わらう | 의미하다 | 意味する いみする |
| 원래의 | 元の もとの | 의사 | 医者 いしゃ |
| 원피스 | ワンピース わんぴーす | 의사소통 | コミュニケーション こみゅにけーしょん |
| 월 | 月 がつ | 의심하다 | 疑う うたがう |
| 월요일 | 月曜日 げつようび | 의자 | 椅子 いす |
| 위로 | 上に うえに | 이 *지시대명사 | この この |
| 위스키 | ウィスキー うぃすきー | 이것 | これ これ |
| 위층 | 上層 じょうそう | 이기다 | 勝つ かつ |
| 위치 | 位置 いち | 이기적인 | 利己的な りこてきな |
| 위태롭게 | 危ない あぶない | 이런 | こんな こんな |

| 이른 | 早い はやい | 일요일 | 日曜日 にちようび |
|---|---|---|---|
| 이름 | 名前 なまえ | 일정 | スケジュール すけじゅーる |
| 이메일 | メール めーる | 1층 | 一階 いっかい |
| 이미 | すでに すでに | 일하다 | 働く はたらく |
| 이번 주에 | 今週に こんしゅうに | 읽다 | 読む よむ |
| 이번에 | 今回に こんかいに | 잃다 | 失う うしなう |
| 이불 | 布団 ふとん | 임대하다 | 貸す かす |
| 이상한 | 変な へんな | 입 | 口 くち |
| 이야기 | 話 はなし | 입구 | 入り口 いりぐち |
| 이야기하다 | 話す はなす | 입장료 | 入場料 にゅうじょうりょう |
| 이용할 수 있는 | 利用できる りようできる | 입장하다 | 入る はいる |
| 이웃 | 隣人 りんじん | 있다 *무생물 | 有る ある |
| 이유 | 理由 りゆう | 있다 *생물 | 居る いる |
| 이익 | 利益 りえき | 잊다 | 忘れる わすれる |
| 이전의 | 前の まえの | ㅈ | |
| 이쪽 | こっち こっち | 자동차 | 自動車 じどうしゃ |
| 이해하다 | 理解する りかいする | 자랑스러운 | 誇らしい ほこらしい |
| 이혼 | 離婚 りこん | 자르다 | 切る きる |
| 인기 있는 | 人気のある にんきのある | 자몽 | グレープフルーツ ぐれーぷふるーつ |
| 인내심 있는 | 辛抱強い しんぼうづよい | 자연스럽게 | 自然に しぜんに |
| 인도하다 | 導く みちびく | 자유 | 自由 じゆう |
| 인사 | 挨拶 あいさつ | 자유로운 | 自由な じゆうな |
| 인터넷 | インターネット いんたーねっと | 자유롭게 | 自由に じゆうに |
| 일기 | 日記 にっき | 자전거 | 自転車 じてんしゃ |
| 일반적으로 | 一般的に いっぱんてきに | 자주 | しばしば しばしば |
| 일부 | 一部 いちぶ | 작가 | 作家 さっか |
| 일어나다 | 起きる おきる | 작은 | 小さい ちいさい |

| 잘 | 良く よく | 전등 | 電灯 でんとう |
|---|---|---|---|
| 잘 알다 | よく分かる よくわかる | 전부 | 全部 ぜんぶ |
| 잘 익힘 | ミディアムウェルダン みでぃあむうぇるだん | 전쟁 | 戦争 せんそう |
| 잘못 | 誤り あやまり | 전적으로 | まったく まったく |
| 잘생긴 | ハンサムな ハンサムな | 전화 | 電話 でんわ |
| 잠이 깨다 | 目覚める めざめる | 전화하다 | 電話する でんわする |
| 잠자다 | 寝る ねる | 절대 | 絶対 ぜったい |
| 잡고 있다 | 握る にぎる | 젊은 | 若い わかい |
| 잡다 | 捕まえる つかまえる | 점검하다 | 点検する てんけんする |
| 잡지 | 雑誌 ざっし | 점수 | 点数 てんすう |
| 장갑 | 手袋 てぶくろ | 점심 식사 | 昼ご飯 ひるごはん |
| 장난감 | おもちゃ おもちゃ | 점심시간 | ランチタイム らんちたいむ |
| 장소 | ところ ところ | 접시 | 皿 さら |
| 장신구 | アクセサリー あくせさりー | 접촉 | 接触 せっしょく |
| 재검토하다 | 再検討する さいけんとうする | 젓가락 | 箸 はし |
| 재미있는 | 面白い おもしろい | 정거장 | 駅 えき |
| 재킷 | ジャケット じゃけっと | 정보 | 情報 じょうほう |
| 저 | あの あの | 정신 | 精神 せいしん |
| 저것 | あれ あれ | 정장 | スーツ すーつ |
| 저기 | あそこ あそこ | 정확하게 | 正確に せいかくに |
| 저녁 | 夕方 ゆうがた | 정확한 | 正確な せいかくな |
| 저녁 식사 | 夕食 ゆうしょく | 젖은 | 濡れた ぬれた |
| 저녁에 | 夕方に ゆうがたに | 제거하다 | 取り除く とりのぞく |
| 저런 | あんな あんな | 제공하다 | 提供する ていきょうする |
| 저쪽 | あちら あちら | 제의 | 提議 ていぎ |
| 적은 | 少ない すくない | 조각품 | 彫刻品 ちょうこくひん |
| 전기 | 電気 でんき | 조금 | 少し すこし |

| 조림 | 煮付け につけ | 주황색 | オレンジ おれんじ |
|---|---|---|---|
| 조심스럽게 | 注意して ちゅういして | 죽다 | 死ぬ しぬ |
| 조언 | アドバイス あどばいす | 죽은 | 死んだ しんだ |
| 조용한 | 静かな しずかな | 죽음 | 死 し |
| 조용히 | 静かに しずかに | 죽이다 | 殺す ころす |
| 조종 | 操縦 そうじゅう | 준비가 된 | 準備ができた じゅんびができた |
| 좁은 | 狭い せまい | 준비하다 | 用意する よういする |
| 종류 | 種類 しゅるい | 중간 정도 익힘 | ミディアム みでぃあむ |
| 종업원 | 店員 てんいん | 중요성 | 重要性 じゅうようせい |
| 종이 | 紙 かみ | 중요한 | 重要な じゅうような |
| 좋다 | 良い いい | 즉시 | 早速 さっそく |
| 좋아하는 | 好きな すきな | 즐거운 | 楽しい たのしい |
| 좋아하다 | 好きだ すきだ | 즐거움 | 楽しみ たのしみ |
| 좋은 | 良い よい | 지갑 | 財布 さいふ |
| 좌석 | 席 せき | 지금 | 今 いま |
| 주 | 週 しゅう | 지난번에 | 前回に ぜんかいに |
| 주다 | 与える あたえる | 지난주에 | 先週に せんしゅうに |
| 주로 | 主に おもに | 지다 | 負ける まける |
| 주말 | 週末 しゅうまつ | 지도 | 地図 ちず |
| 주문 | 注文 ちゅうもん | 지도자 | 指導者 しどうしゃ |
| 주문하다 | 注文する ちゅうもんする | 지루한 | 退屈な たいくつな |
| 주소 | 住所 じゅうしょ | 지름길 | 近道 ちかみち |
| 주스 | ジュース じゅーす | 지불하다 | 支払う しはらう |
| 주요한 | 主要な しゅような | 지붕 | 屋根 やね |
| 주유소 | ガソリンスタンド がそりんすたんど | 지시 | 指示 しじ |
| 주의 깊은 | 注意深い ちゅういぶかい | 지우개 | 消しゴム けしごむ |
| 주차 | 駐車 ちゅうしゃ | 지지 | 支持 しじ |

| 한국어 | 일본어 | 한국어 | 일본어 |
|---|---|---|---|
| 지지하다 | 支持する しじする | 창문 | 窓 まど |
| 지하 | 地下 ちか | 창조적으로 | 創造的に そうぞうてきに |
| 지하철 | 地下鉄 ちかてつ | 창조적인 | 創造的な そうぞうてきな |
| 지혜로운 | 賢い かしこい | 찾다 | 見つける みつける |
| 직업 | 仕事 しごと | 채우다 | 満たす みたす |
| 직접 | 直接に ちょくせつに | 책 | 本 ほん |
| 직접적인 | 直接的な ちょくせつてきな | 책상 | 机 つくえ |
| 진실 | 真実 しんじつ | 처음에는 | 最初は さいしょは |
| 진실로 | 真実に しんじつに | 처음으로 | 初めて はじめて |
| 진지하게 | 真面目に まじめに | 천장 | 天井 てんじょう |
| 진짜로 | 本当に ほんとうに | 천재 | 天才 てんさい |
| 진짜의 | 本物の ほんものの | 철야 | 徹夜 てつや |
| 질병 | 病気 びょうき | 청구서 | 勘定書き かんじょうがき |
| 짐칸 | トランク とらんく | 청구하다 | 請求する せいきゅうする |
| 집 house | 家 いえ | 청바지 | ジーンズ じーんず |
| 집 home | 内 うち | 청소하다 | 掃除する そうじする |
| 집게 | トング とんぐ | 체리 | チェリー ちぇりー |
| 집중하다 | 集中する しゅうちゅうする | 체육관 | 体育館 たいいくかん |
| 짝 | 相棒 あいぼう | 체중 | 体重 たいじゅう |
| 짠맛의 | 塩っぱい しょっぱい | 체크 아웃 | チェックアウト ちぇっくあうと |
| 짧은 | 短い みじかい | 체크인 | チェックイン ちぇっくいん |
| 쪽 | ページ ぺーじ | 초 | 秒 びょう |
| 찜 | 煮込み にこみ | 초대 | 招待 しょうたい |
| **ㅊ** | | 초대하다 | 招く まねく |
| 차다 | 蹴る ける | 초록색 | 緑 みどり |
| 차이 | 違い ちがい | 초콜릿 | チョコレート ちょこれーと |
| 창가 석 | 窓側の席 まどがわのせき | 최고의 | 最も良い もっともよい |

| | | | |
|---|---|---|---|
| 최근에 | 最近に さいきんに | 침대 커버 | ベッドカバー べっどかば─ |
| 최종적으로 | 完全に かんぜんに | 침실 | 寝室 しんしつ |
| 최초의 | 最初の さいしょの | **ㅋ** | |
| 추가 요금 | 追加料金 ついかりょうきん | 카드 | カード かーど |
| 추가의 | 追加の ついかの | 카테고리 | カテゴリ かてごり |
| 추운 | 寒い さむい | 카페 | カフェ かふぇ |
| 추천하다 | 勧める すすめる | 카페 라테 | カフェラテ かふぇらて |
| 추측하다 | 推測する すいそくする | 카페 모카 | カフェモカ かふぇもか |
| 축구 | サッカー さっかー | 카펫 | カーペット かーぺっと |
| 축제 | 祭り まつり | 카푸치노 | カプチーノ かぷちーの |
| 출구 | 出口 でぐち | 칵테일 | カクテル かくてる |
| 출발 | 出発 しゅっぱつ | 칼 | ナイフ ないふ |
| 출발하다 | 出発する しゅっぱつする | 캐리어 가방 | キャリーバッグ きゃりーばっぐ |
| 춤 | 踊り おどり | 커튼 | カーテン かーてん |
| 충격적인 | 衝撃的な しょうげきてきな | 커플 | カップル かっぷる |
| 충돌 | 衝突 しょうとつ | 커피 | コーヒー こーひー |
| 충분한 | 十分な じゅうぶんな | 컴퓨터 | コンピューター こんぴゅーたー |
| 충분히 | 十分に じゅうぶんに | 컵 | コップ こっぷ |
| 취미 | 趣味 しゅみ | 케이크 | ケーキ けーき |
| 치료 | 治療 ちりょう | 케첩 | ケチャップ けちゃっぷ |
| 치마 | スカート すかーと | 켜다 | 付ける つける |
| 치아 | 歯 は | 코 | 鼻 はな |
| 치즈 | チーズ ちーず | 코코넛 | ココナツ ここなつ |
| 친구 | 友達 ともだち | 코트 | コート こーと |
| 친절한 | 親切な しんせつな | 콜라 | コーラ こーら |
| 칠리소스 | チリソース ちりそーす | 콩 | 豆 まめ |
| 침대 | ベッド べっど | 크기 | 大きさ おおきさ |

| 한국어 | 일본어 | 한국어 | 일본어 |
|---|---|---|---|
| 큰 | 大きい おおきい | 특별한 | 特別な とくべつな |
| 큰 소리로 | 大声で おおごえで | 특히 | 特に とくに |
| 큰길 | 大通り おおどおり | 틀린 | 間違った まちがった |
| 클럽 | クラブ くらぶ | 틈 | 隙間 すきま |
| 키가 작은 | 背の低い せのひくい | 티셔츠 | ティーシャツ てぃーしゃつ |
| 키가 큰 | 背の高い せのたかい | 팀 | チーム ちーむ |
| 키스하다 | キスする きすする | **ㅍ** | |
| 키위 | キウイ きうい | 파란색 | 青 あお |
| **ㅌ** | | 파스타 | パスタ ぱすた |
| 타다 | 乗る のる | 파인애플 | パイナップル ぱいなっぷる |
| 타르타르 소스 | タルタルソース たるたるそーす | 파일 | ファイル ふぁいる |
| 탁자 | テーブル てーぶる | 파트너 | パートナー ぱーとなー |
| 탐나다 | 欲しい ほしい | 파티 | パーティー ぱーてぃー |
| 탑 | タワー たわー | 파파야 | パパイア ぱぱいあ |
| 태양 | 太陽 たいよう | 판단하다 | 判断する はんだんする |
| 택시 | タクシー たくしー | 판매 | 販売 はんばい |
| 텅 빈 | 空の からの | 팔 | 腕 うで |
| 테니스 | テニス てにす | 팔다 | 売る うる |
| 테킬라 | テキーラ てきーら | 팔찌 | ブレスレット ぶれすれっと |
| 텔레비전 | テレビ てれび | 패션 | ファッション ふぁっしょん |
| 토마토 | トマト とまと | 패스트푸드 | ファーストフード ふぁーすとふーど |
| 토스트 | トースト とーすと | 펜 | ペン ぺん |
| 토요일 | 土曜日 どようび | 편지 | 手紙 てがみ |
| 통과하다 | 通過する つうかする | 편한 | 楽な らくな |
| 통상 | 通常 つうじょう | 포도 | ぶどう ぶどう |
| 튀김 | 揚げ あげ | 포크 | フォーク ふぉーく |
| 트윈 침대 | ツインベッド ついんべっど | 포함하다 | 含む ふくむ |

| | | | | |
|---|---|---|---|---|
| 표 | 切符 きっぷ | | 함께 | 一緒に いっしょに |
| 표본 | サンプル さんぷる | | 합계 | 合計 ごうけい |
| 표시 | 表示 ひょうじ | | 합류하다 | 合流する ごうりゅうする |
| 푸딩 | プリン ぷりん | | 합법적인 | 合法的な ごうほうてきな |
| 품목 | 品目 ひんもく | | 핫초코 | ホットチョコレート ほっとちょこれーと |
| 프런트데스크 | フロントデスク ふろんとですく | | 항상 | いつも いつも |
| 피 | 血 ち | | 해 | 年 とし |
| 피곤한 | 疲れた つかれた | | 해결책 | 解決策 かいけつさく |
| 피자 | ピザ ぴざ | | 해변 | 海辺 うみべ |
| 피해 | 被害 ひがい | | 햄버거 | ハンバーガー はんばーがー |
| 필름 | フィルム ふぃるむ | | 행동 | 行動 こうどう |
| 필요 없는 | 要らない いらない | | 행동을 취하다 | 行う おこなう |
| 필요로 하다 | 必要とする ひつようとする | | 행복하게 | 幸せに しあわせに |
| 필요하다 | 必要する ひつようする | | 행복한 | 倖せ しあわせ |
| 필요한 | 必要な ひつような | | 행운 | 幸運 こううん |
| **ㅎ** | | | 향기 | 香り かおり |
| 하는 동안 | ~間に ~あいだに | | 향수 | 香水 こうすい |
| 하늘 | 空 そら | | 허리 | 腰 こし |
| 하다 | する する | | 허비하다 | 浪費する ろうひする |
| 하루 | 一日 いちにち | | 헤어지다 | 別れる わかれる |
| 학교 | 学校 がっこう | | 헤엄치다 | 泳ぐ およぐ |
| 학생 | 学生 がくせい | | 현금 | 現金 げんきん |
| 한 번 | 一度 いちど | | 현명하게 | 賢明に けんめいに |
| 한가한 | 暇な ひまな | | 현재 | 現在 げんざい |
| 할머니 | おばあさん おばあさん | | 호수 | 湖 みずうみ |
| 할아버지 | おじいさん おじいさん | | 호의 | 好意 こうい |
| 할인 | 割引 わりびき | | 호텔 | ホテル ほてる |

| 혼자서 | 独りで ひとりで | 훌륭한 | 素晴らしい すばらしい |
|---|---|---|---|
| 혼합 | ミックス みっくす | 훔치다 | 盗む ぬすむ |
| 화를 내다 | 怒る おこる | 휘핑크림 | ホイッピングクリーム |
| 화산 | 火山 かざん | 휴가 | 休暇 きゅうか |
| 화요일 | 火曜日 かようび | 휴대용 컴퓨터 | ノートパソコン のーとぱそこん |
| 화이트와인 | 白ワイン しろわいん | 휴대폰 | 携帯電話 けいたいでんわ |
| 화장실 | トイレ といれ | 휴식 시간 | 休み時間 やすみじかん |
| 화장지 | トイレットペーパー といれっとぺーぱー | 휴일 | 休日 きゅうじつ |
| 화장품 | 化粧品 けしょうひん | 흐린 | 曇った くもった |
| 화창한 | 晴れた はれた | 흔한 | 有り触れた ありふれた |
| 화해하다 | 仲直りする なかなおりする | 흥분 | 興奮 こうふん |
| 확실하게 | 確かに たしかに | 희망 | 希望 きぼう |
| 확실한 | 確実な かくじつな | 흰색 | 白 しろ |
| 확인하다 | 確認する かくにんする | 힘 | 力 ちから |
| 환경 | 環境 かんきょう | 힘 센 | 強力な きょうりょくな |
| 환불하다 | 払い戻す はらいもどす | | |
| 환율 | 為替レート かわせれーと | | |
| 환자 | 患者 かんじゃ | | |
| 활동 | 活動 かつどう | | |
| 회복하다 | 回復する かいふくする | | |
| 회사 | 会社 かいしゃ | | |
| 회색 | 灰色 はいいろ | | |
| 회의 | 会議 かいぎ | | |
| 효과적인 | 効果的な こうかてきな | | |
| 후추 | 胡椒 こしょう | | |
| 후회하다 | 後悔する こうかいする | | |
| 훈련 | 訓練 くんれん | | |

# 일단 1400단어 기초 일본어

**개 정 판**  2022년 11월 10일
**1판  1쇄**  2020년 08월 01일

**저   자**  Mr. Sun 어학연구소
**펴 낸 곳**  OLD STAIRS
**출판 등록**  2008년 1월 10일 제313-2010-284호
**이 메 일**  oldstairs@daum.net

가격은 뒷면 표지 참조
ISBN 979-11-91156-73-7(14730)

## 공통안전기준 표시사항

- **품명** : 도서
- **제조자명** : Oldstairs
- **제조연월** : 2022년 11월
- **주소** : 서울특별시 마포구 양화로12길 24, 4층
- **KC인증유형** : 공급자적합성확인
- **재질** : 지류
- **제조국명** : 대한민국

KC마크는 이 제품이 공통안전기준에 적합하였음을 의미합니다.
책 모서리에 찍히거나 책장에 베이지 않게 조심하세요.